Fra Tortur
Til Trygghet

Fra Tortur
Til Trygghet

Jahangir Alam Akash

Flere eksemplarer av boka kan bestilles ved å kontakte:
Xlibris Corporation
0-800-644-6988
www.xlibrispublishing.co.uk
Orders@xlibrispublishing.co.uk
304592

Innhold

DEDIKERT TIL

De som ble drept på Utøya den 22. juli 2012.

TAKK TIL

Først og fremst vil jeg si tusen takk til forlaget for at de ville gi ut denne boka. En honnør går også til Odd Tranås fordi han fant på bokas tittel. Så må jeg få lov å takke den omtenksomme redaktøren av gatemagasinet "Virkelig", Eirik Junge Eliassen. Med stor flid har han rettet flere av bokas artikler. Det var også flott at jeg fikk skrive noen artikler for hans magasin. Videre er jeg takknemlig overfor min lærer, Ellen Kristine Johansen, som korrigerte noen av artiklene. Den snille nyhetssjefen i NRK Troms og Finnmark, Nina Einem, har vært så vennlig å skrive forordet til boka mi. Takk til henne. Til slutt vil jeg komme med stor takk til Øystein Aarstad, bibliotekar på Tromsø bibliotek. Han hjalp meg mye med gjennomlesing av manuskriptet. I tillegg kom han med forslag til en del språklige korrigeringer.

FORORD

Retten til å ytre seg, og til å si høyt det man selv ønsker, er så grunnleggende at den er nedfelt i FNs menneskerettighetserklæring fra 1948.

For oss journalister handler ytrings—og pressefrihet også om retten til å utøve vårt yrke på en måte som vi kan stå inne for overfor vårt publikum. Den skal sikre at vi selv velger hvilke saker vi vil sette søkelys på, uten innblanding fra andre aktører med egen agenda.

FN-sambandet/Reportere uten grensers` barometer over pressefrihet verden over, plasserte i 2010 Norge blant bare seks land uten anmerkninger for brudd på denne retten. Akash` hjemland Bangladesh havner et godt stykke ned på nedre halvdel av verdens nasjoner. Pressefrihet er grunnleggende for et lands muligheter til å fungere fritt og demokratisk. Uten en fri presse finnes heller ikke et fritt land eller folk.

Da Akash begynte å jobbe hos oss, var det først og fremst et bidrag til at han skulle få praktisere sitt nye språk, og for at han skulle lære om norsk media og journalistikk. Med tiden har jeg skjønt at vi har minst like mye å lære av han. Hans fortellinger fra sin tid som forfulgt journalist i hjemlandet er dramatiske og skremmende. De åpner øynene våre for at rettigheter vi som nordmenn i hverdagen tar som en selvfølge, i andre deler av verden i beste fall er en fjern drøm—og i verste fall et spørsmål om liv og død.

I denne boka bruker Akash sin nyvunne ytringsfrihet til å skrive fritt om sine opplevelser i Bangladesh. Det er en vond og viktig beretning. Men han har også opplevd at hans nye, fredelige hjemland ble rammet av terror og politisert vold hinsides det vi kunne innbille oss. Og han skriver om hvordan han opplevde det han har rømt fra ble taklet da det rammet vårt lille, beskyttede land.

Det er mye lærdom i å lære om hvordan andre mennesker betrakter oss og vår selverklærte virkelighet.

Nina Einem

Nyhetssjef, NRK Troms og Finnmark

KAPITTEL 1

Norge og nordmenn

En norsk leksjon i fred og toleranse

Norge består av fjorder og fjell. Den 22. juli 2011 falt en mørk skygge over landet. Denne dagen slo en bølge av blod inn over hovedstaden og den vakre Utøya.

77 mennesker ble drept med bombing og våpen. Det var et angrep på en hel generasjon. Samtidig var dette også et forferdelig anslag mot fred og demokrati. Alle de drepte ungdommene på Utøya var politisk bevisste og oppegående mennesker. En mulig statsminister kan ha vært blant ofrene. Denne svarte dagen i juli vil alltid leve i minnet til nordmenn. De drepte unge vil aldri komme tilbake. Norge har mistet dem.

Jeg vet ikke hvordan foreldrene til disse ungdommene skal kunne klare å bære og leve med en slik smerte. Dette er den største smertefulle tragedien som har rammet nasjonen Norge siden andre verdenskrig. Det fredfulle folket i Norge er i sjokk. Fred være med de unge sjelene som ofret livet.

Norge var ikke forberedt på det som skjedde. Landet representerer demokrati, menneskerettigheter, fred og harmoni. Norge ble ikke angrepet av en militant, islamistisk gruppe. Derimot var det en 32 år gammel mann som utførte ugjerningen. En som forteller at han er kristen og imot et multikulturelt Europa. Folk som har lignende ekstreme meninger og holdninger må tas på alvor. De må aldri få lov til å gjenta slike udåder.

Den ekstremistiske voldsmannen har påført landet Norge stor sorg og smerte. Hvorfor? Ren ondskap vil noen svare. Måtte slike forbrytelser mot menneskeheten aldri inspirere andre til å tro at slike ugjerninger kan rettferdiggjøres. Det ekstremistiske kan ikke tolereres i noen henseende, uansett om det stammer fra kristne, muslimske eller andre grupperinger. Ingen av verdens religioner oppfordrer til ekstremisme.

Normalt vil ikke norsk politi bære våpen når de er i tjeneste, til tross for at det finnes krefter i ekstreme miljøer som er i stand til å ta mange liv med våpenmakt. Norge var rystet og mange foraktet morderens handlinger. Men likevel følte de fleste ikke trang til hevn. I stedet kunne man se bølger av demonstrerende mennesker ute i gatene. De ignorerte regn og dårlig vær. Folkets samhold var stor i dagene etter 22. juli. De viste sin kjærlighet ved å bære roser i sine hender.

Kommunevalgkampen 2011 forløp annerledes enn tidligere år. En annen stemning enn før. Det var ingen partier som laget politisk utspill rundt hendelsene. For en flott leksjon i kultur og dannelse! Hadde dette skjedd i mitt hjemland Bangladesh, ville vi sett et helt annet bilde. Terroristen hadde blitt drept, huset hans hadde blitt brent ned og hans nærmeste familie ville blitt arrestert.

Jeg sover dårlig når jeg tenker på det som skjedde den 22. juli. Mitt hjerte er knust og har fått et dypt sår. Men ondskapens negative kraft skal ikke få ødelegge lyset vi bærer inni i oss. Vi tenner stearinlys, bærer blomster og kjenner på samholdet med hverandre. Det er stor solidaritet blant folk og alle føler vi at kjærligheten vil beseire ondskapen.

Norge vil igjen få tilbake sin strålende energi av lys og fred. "Fred, kjærlighet og toleranse" vil bygge en ny verden. Diskriminering, krig, fattigdom og ondskap vil tape mot de gode kreftene. Dette er min drøm, og denne drømmen skal Norge vise til hele verden. Vi både håper og tror at fred en dag vil bli en realitet for alle mennesker.

En bølge av folk

Den store dagen i Norge er 17. mai. Dette er alle nordmenns høytidsdag. I fjor da jeg var i Østerrike, hørte jeg om denne spesielle dagen og ønsket å komme til Norge for å oppleve Norges nasjonaldag. Uheldigvis kom jeg hit 18. mai og fikk dermed ikke sjansen til å være med på 17. maifesten. Men i år fikk jeg anledning til å være med.

Hvorfor er denne dagen så viktig for nordmenn? Jeg vil fortelle litt om det. Norge er et land med konstitusjonelt monarki. Landet var i union med Danmark i over fire hundre år (1380-1814). Ettersom Danmark var den tapende part i Napoleonskrigene, ble Norge en del av Sverige. I 1814 fikk Norge sin egen grunnlov, men fikk ikke full selvstendighet før i året 1905. Fra

9. april 1940 til 8. mai 1945 var landet okkupert av Tyskland. Etter 1945 har det vært fred her til lands.

17. mai, som er en viktig dag i Norges historie, feires hvert år. Denne dagen er også kjent som barnas dag. I år fikk jeg oppleve nasjonaldagen, og den ble fantastisk og spennende.

I Tromsø var det veldig bra vær på årets 17. mai. Folk begynte å komme ut i gatene tidlig om morgenen. De fleste hadde tatt på seg nye, pene klær og i hendene bar de norske flagg. Mange var også kledt i bunad. Bunad er et tradisjonsplagg som nordmenn bruker i festlige anledninger. Min lille sønn hadde også på seg en norsk bunad, mens kona mi og jeg hadde hvert vårt norske flagg.

Det var et hav i byen, men ikke et vanlig hav. Det var et folkehav. Jeg tror at nesten alle Tromsøs innbyggere var i byen. Folk i alle aldre gledet seg denne dagen og ropte: Hurra, hurra!

Man kunne se bølger av folk i den lille byen. Det var skoletog, barnetog og folketog. Russen var som vanlig også til stede. Jeg var også med og gikk. Mens vi marsjerte sang vi nasjonalsangen «Ja, vi elsker dette landet». Aldri glemmer jeg denne opplevelsen da jeg for første gang fikk være med på feiringen av Norges nasjonaldag.

17. mai er en dag som for de fleste nordmenn står for frihet, selvstendighet og nasjonal identitet. Nå er 17. mai også en del av mitt liv.

Typisk norsk

I norskklassen jeg går i stilles ofte spørsmålet: Hva er typisk norsk? Jeg har ikke bodd så lenge i Norge, men jeg har allerede sett og opplevd noe av det man kaller for typisk norsk. Nå skal jeg fortelle litt om dette.

Det er mange ting som er veldig norsk. For eksempel: "Ut på tur - aldri sur!". Dette populære uttrykket viser at folk i Norge er naturvennlige og liker å bruke naturen. Ja, man elsker rett og slett å gå på tur. Mange har med seg en sjokolade i lomma, ofte en "Kvikklunsj". Et annet uttrykk sier at «Nordmenn er født med ski på beina». Det betyr at en god del barn i Norge faktisk er stand til å gå på ski fra de er ganske små.

Er man norsk er det ikke uvanlig at man har brunost på brødskiva. Mange bruker også makrell, drikker melk og tar tran. Til middag spises gjerne torsk, fiskeboller, kjøttkaker, fårikål og poteter. Dette står titt og ofte på menyen. Fårikål er forresten kåret til Norges nasjonalrett. Tradisjonell julemat er ribbe, pinnekjøtt, lutefisk og fersk torsk. Jeg har flere ganger blitt invitert hjem til norske familier på julemiddag. Mye av denne maten var veldig god, synes jeg.

Om vinteren er mange nordmenn nødt til å måke snø der de bor. Det er helt nødvendig fordi det i store deler av landet kommer betydelige snømengder. Her kan jeg nevne at det i Tromsø ble satt snørekord vinteren 1997. På det meste var snødybden hele 2,40 meter!

Noen ganger får jeg spørsmålet: Jobber du frivillig? En god del folk i Norge jobber nemlig med slik arbeid, ofte i felleskap med andre. Når flere man går sammen og jobber gratis på frivillig basis, kalles det dugnad. Det er veldig typisk norsk å jobbe på dugnad.

Nordmenn er opptatt av helsen sin. Derfor trener noen veldig mye. De fleste nordmenn mosjonerer noen ganger i uka.

Nordmenn liker å reise til varmere land når de har ferie. En god del folk har egen hytte, enten ved sjøen eller på fjellet. Dit drar de når de har fri og når de vil slappe av. Når det er helg samles familie og venner til fest og felles hygge. Da bruker man å nyte et godt måltid sammen. Alkohol i form av øl, vin og brennevin er heller ikke uvanlig i slike selskap.

Kjærlighet er veldig viktig for nordmenn. Men til tross for det er skilsmisseprosenten i Norge nesten 50 prosent. Dette har kanskje å gjøre med at man setter individualisme og frihet høyt?

Nordmenn er veldig nysgjerrige på å lære om andre kulturer, og de fleste er tolerante mot folk som kommer fra andre land. Mange oppfatter nordmenn som et generøst folkeslag fordi Norge yter økonomisk bistand til mange fattige land.

Nordmenn liker å fiske, gå på kino, vandre rundt på museum, gå på konsert og på kafé. De setter også pris på å lese og høre historiske beretninger om sitt eget land. Nordmenn kler seg i bunad på 17. mai. Dette kan man observere nå man besøker Norge på landets nasjonaldag.

Folk i Norge er stolte av at de bor i et av verdens rikeste land, men likevel er ikke nordmenn spesielt gjerrige, synes jeg. Min erfaring med nordmenn er at de er ærlige, lite selvopptatte, positive, hjelpsomme og vennlige.

KAPITTEL 2

Drømmer

Drømmejobben

Å være journalist har alltid vært min drøm. I hjemlandet mitt jobbet jeg som journalist i 20 år, i radio, tv og aviser. Jeg har lyst til å jobbe med journalistikk også her i Norge. Derfor begynte jeg som praktikant i NRK. Der lærte jeg mye. Det er ikke så stor forskjell på å jobbe som journalist i Norge og Bangladesh, synes jeg. Arbeidsoppgavene er de samme som jeg hadde i mitt hjemland. Likevel er det en utfordring å være journalist her i Norge.

Den største utfordringen ligger i språket. Jeg er ennå ikke så flink i norsk. Det er vanskelig å snakke godt, forstå og skrive hundre prosent riktig. Men hele tiden prøver jeg å lære norsk så godt som mulig.

Noen innvandrere sier at det er vanskelig å få jobb i Norge når du er utlending. Jeg er enig med dem. Men samtidig tror jeg det finnes mange muligheter til å få seg jobb. Den viktigste betingelsen er nok at man behersker det norske språk.

Min utdannelse fra Bangladesh omfatter en mastergrad i filosofi og studier i journalistikk fra Universitetet i Rajshahi. Jeg har også jobbet som frilanser for radio "Deutsche Welle" (tysk radio) i Nord-Bangladesh. Mens jeg bodde i Tyskland tok jeg kurs i video- og nettjournalistikk.

Nå drømmer jeg om å få en jobb i en tv-kanal eller i ei avis. Jeg håper at jeg kan få arbeid som journalist eller fotograf når jeg er ferdig på norskkurset.

En drømmereise

Nå vil jeg fortelle om hvorfor jeg har en drøm om å reise til New York. Dette er USAs største by og er dessuten et av de mest folkerike byområdene i verden. Det bor nesten ni millioner innbyggere i New York. Det er mange grunner til at man vil reise til denne fasinerende byen.

Byen er berømt for sine internasjonale selskaper, museer, børsinstitusjoner, gallerier, mediehus, teatre, internasjonale ambassader, FN-bygningen og mye mer. Det finnes mange fine attraksjoner, kunst og arkitektur som trekker til seg turister. Rundt 40 millioner turister besøker denne fine byen hvert år. New York er også et av verdens viktigste økonomiske og kulturelle knutepunkter.

Den historiske severdigheten er "Statue of Liberty"—«Frihetsgudinnen». Det er min drøm å en gang få røre ved denne berømte statuen. Ellers finnes det mange friområder og parker i New York, slik som for eksempel "Central Park". Dit ønsker jeg å ta en tur når det er fullmånenatt.

Verdens handelssenter ligger i New York. Det minner meg om alle de som ble drept under det forferdelige terrorangrepet 9/11 i 2001.

I New York bor det mange jøder. Der finnes det også jødemuseum som jeg kan besøke. Fordi jeg er interessert i kultur, ønsker jeg å snakke med vanlige folk om hvordan det er å leve i den flerkulturelle byen.

Mange av vennene mine bor i New York. Hvis jeg skal reise til dit, kan jeg bo der i noen uker sammen med en av dem. En av kusinene mine har også sin bolig der.

Som dere skjønner er det mange grunner til at jeg lyst til å reise til den store byen.

Resten av mitt liv

Jeg liker natur. Det er mye natur og frisk luft her i Norge. Frisk luft er viktig for at man skal kunne opprettholde god helse. Og det får jeg anledning til i dette fantastiske landet. Mange nordmenn er sporty og er mye ute i naturen. Jeg liker de snille og omtenksomme nordmennene.

I nærheten av og rundt den koselige byen Tromsø, er skog og mange fjell. Jeg gleder meg til å gå på tur i fjellet og i skogen. Den årstiden jeg liker best er sommeren.

Derfor gleder jeg meg til at det igjen blir sommer og sol i denne byen. Da blir det nok mange turer på meg. Derfor tror jeg at å få bo her i landet resten av mitt liv, vil bli helt fantastisk.

KAPITTEL 3

Fine opplevelser i Norge

Et overraskende møte

Jeg har opplevd mye gledelig og overraskende etter at jeg kom til mitt nye hjemland. Nå skal jeg fortelle om noen observasjoner jeg har gjort av sjefer og politiske ledere i Bangladesh og Norge.

Vi bangladeshere er vant til å se at de mektige politiske lederne er omringet av sikkerhetsvakter når de er ute blant vanlige folk. I Bangladesh nyter ministerne et luksusliv. Det er stor forskjell på politikere og folk flest.

Tilhører man ikke den høyere klasse av partifolk, er det nesten umulig å få kontakt med politiske ledere. Ministerne er nesten alltid beskyttet av sikkerhetsfolk. Selv for journalister som meg er det vanskelig å få møte de som sitter på toppen i politikken.

Derfor ble jeg veldig overrasket når jeg en dag fikk anledning til å møte en norsk minister. Ministeren heter Kristin Halvorsen. Hun hadde på den tiden stillingen som kunnskapsminister i regjeringen Stoltenberg. I forbindelse med sitt besøk i Tromsø, ønsket hun også å møte meg.

Om morgenen den 13. august stod jeg i byen og ventet sammen med SVs-leder i Tromsø, Ingrid Kielland og noen andre. Fra Bangladesh er jeg vant til at mange samles når en minister kommer. Og selvfølgelig er det da også sikkerhetsvakter til stede. Så plutselig ser jeg det kommer tre damer gående i retning rådhuset. Ei av dem var kunnskapsministeren, den andre hennes sekretær og den tredje var varaordføreren, Gunnhild Johansen. De kom mot oss som stod og ventet, og Ingrid Kielland introduserte meg for dem. Ministeren smilte og hilste på meg. Etterpå gikk vi alle inn i rådhuset og satte oss. Kristin Halvorsen ville høre min historie og om hvordan situasjonen var i dagens Bangladesh. Jeg fortalte og hun lyttet. Hun var hele tiden vennlig, høflig og i godt humør.

Noen dager etter skrev jeg en e-post til henne for å si at jeg satte stor pris på dette møtet. Halvorsen ga meg raskt en tilbakemelding. Dette var veldig overraskende, for i Bangladesh er en slik rask respons utenkelig. Derfor synes jeg dette var en helt spesiell hendelse.

Men det samme har jeg faktisk opplevd tidligere i Tyskland. I 2010 traff jeg et medlem av Forbundsdagen. Han var samtidig også en innflytelsesrik leder i partiet "CDU" i Hamburg. I likhet med den norske kunnskapsministeren, var han en leder det var lett å få kontakt med.

Når jeg sammenlikner de politiske forholdene i Bangladesh og Norge, ser jeg store forskjeller. I mitt hjemland er sjefen ikke din personlige venn. Han har alltid rollen som din overordnede og er ikke vant til å høre så mye på de som er hans ansatte. I Norge virker det nesten som dette er helt motsatt.

En gang ble jeg veldig overrasket da jeg så en professor på Universitetet i Tromsø vaske sin egen tallerken og kaffekopp. Det samme er det når jeg ser en sjef som sykler til jobben. Eller når en som har en sjefsstilling, driver og monterer hyller på kontoret sitt. I mitt hjemland var det utenkelig at en sjef serverte kaffe og brød til sine venner. Dette skjedde heller ikke når en student eller andre gjester besøkte sjefens kontor. Men dette har jeg altså opplevd i Norge.

I Bangladesh har for øvrig nesten alle sjefer sin egen «tjener» som henter vann, te, papir og skrivesaker. I Norge er det likestilling for alle. Det spiller ingen rolle om du er sjef eller om du er en vanlig ansatt.

Den tidligere SV-lederen Kristin Halvorsen er den første norske ministeren jeg har møtt i Norge. Det var veldig hyggelig. Dette minneverdige møtet vil jeg aldri glemme.

Et brev til hjemlandet

Jeg skrev nylig et brev til en av mine venninner. Hun bor i hjemlandet mitt og er lærer på barneskolen. Nå vil jeg dele dette brevet med dere.

Hei, min kjære venninne, hvordan går det med deg og din familie? Jeg glemmer aldri deg. Etter lang tid skriver jeg nå til deg.

Jeg bor for tiden i Tromsø, en liten by i Norge. Den lille byen vi er bosatt i er kjempefin. Sønnen vår har plass i barnehagen. Jeg og kona mi går på Voksenopplæringa for å lære oss norsk. Den første læreren vi hadde heter

Ellen Kristine Johansen. Hun er så morsom og snill, er vakker og snakker kjempegodt engelsk. Men de andre lærerne er også veldig flinke og dyktige. Takk til Trude, Sara, Kirsti, Håkon, Diana, Merete, Gry, Gry (2), Rigmor for at dere lærer oss norsk! En spesiell takk til Inger Seim!

Folk i Tromsø er veldig positive, høflige, snille og hjelpsomme. Naturen i Tromsø er kjempeflott. Den vakre byen er omkranset av fjorder og fine, flotte fjell. Byen ligger på ei øy. Våren har allerede kommet hit, men det er likevel svært kaldt ennå. På grunn av det kalde klimaet, er det en stor utfordring å bo Norge, men vi klarer oss.

Vi savner den fine våren som dere nyter akkurat nå. I sommer skal vi reise til India. Vi håper at du kan komme dit og treffe oss. Da vil vi bli veldig glade.

I klassen er vi 19 elever. Noen av elevene er veldig flinke, men jeg synes at den norske grammatikken er ganske vanskelig. Mine medelever kommer fra Russland, Bangladesh, Thailand, Kina, Irak, Somalia og mange andre land. De fleste elevene har sine egne ordbøker på morsmålet sitt. Det har ikke vi som er fra Bangladesh. Jeg lurer på hvorfor? For som du vet er bengalsk det sjette største verdensspråket. Men vi prøver å lære norsk så godt som mulig, fordi det er kjempeviktig å lære seg språket i det landet du bor i.

Vi hadde vinterfest for noen uker siden. Da var det kjempefint vær. Vi akte på akebrett, grillet, tente bål og gikk på ski. Det var veldig gøy.

Nå er skoletimen snart slutt. Neste gang jeg skriver til deg vil jeg fortelle mer om Norge.

Jeg ønsker deg en flott vår! Hils familien.

Jeg beundrer norske politikere

Neste år skal det være stortingsvalg i Norge. Allerede nå begynner folk å diskutere hvem som skal bli statsminister. En meningsmåling gjort i oktober i år viser at det er et nesten dødt løp i oppslutningen om Jens Stoltenberg (Arbeiderpartiet) og Erna Solberg (Høyre).

Hvis en meningsmåling viser at regjeringspartiene får mindre oppslutning enn opposisjonspartiene i Bangladesh, reageres det negativt. Da begynner man for eksempel å krangle om målingene er riktig utført eller ikke. Her i Norge er det helt annerledes. Meningsmålingene aksepteres uten videre. Dette viser at man har grunnleggende respekt for demokratiet.

Når jeg ser på norske politikere forekommer deg meg at de fleste av dem opptrer ganske saklig og nøkternt. For eksempel gjelder dette tv-debatter mellom Jens Stoltenberg og Erna Solberg. Selv om de er uenige, viser de respekt for hverandre.

Det samme kan ikke sies om bengalske politikere. Her er et ferskt eksempel på det. Jeg så en gang en tv-debatt fra Bangladesh der to politikere var invitert - en fra regjeringen og en fra opposisjonen. De kranglet forferdelig og brukte stygge ord om hverandre. Til slutt måtte programlederen stoppe debatten. Dette viser at de bengalske politikerne ikke er spesielt saklige og høflige mot hverandre når de møtes til diskusjon.

I Bangladesh er det mulig å få en politisk stilling hvis far eller ektemann er politiker. Det spiller ingen rolle om du mangler utdanning og politisk erfaring. Du kan også få en høy politisk posisjon hvis du har masse penger. En partisjef kan dessuten bli fjernet fra sin stilling uten at man trenger å følge demokratiske spilleregler. I Norge er ikke dette vanlig. For å komme inn i politikken må man gå igjennom en lengre politisk prosess.

Både Jens Stoltenberg og Erna Solberg har studert på universitetet. De har begge vært lenge med i politikken og er erfarne og dyktige politikere. Statsministeren i Norge er opptatt av fred og demokrati. Han ønsker at landets økonomi skal være sunn og god. Som statsminister har han måttet takle flere utenkelige hendelser. Det som skjedde på Utøya 22. juli 2011 er et eksempel på dette.

Kanskje hadde også Erna Solberg taklet en slik situasjon hvis hun hadde sittet i statsministerstolen. I likhet med statsminister Stoltenberg har også høyreleder Erna Solberg et spesielt fokus på de økonomiske forholdene i Norge.

Både Stoltenberg og Solberg jobber for at folk i Norge skal ha det trygt og godt. Hvis jeg får mulighet til det, vil jeg gjerne få treffe disse som leder Norges to største partier.

Til slutt håper jeg at de bengalske politikere med tiden kan endre sin væremåte, slik at den politiske kulturen kan skape demokrati og trygghet for folk flest. Mitt ønske er at Bangladesh i nær framtid skal få politikere som kan jobbe slik som norske politikere gjør!

To Tromsøordførere

Jeg har møtt to ordførere i Tromsø. Begge to er veldig omgjengelige og åpne personer som det var trivelig å få hilse på. De hever seg ikke over den vanlige mann og kvinne, men prater gjerne med byens innbyggere på gata. Med andre ord—de bryr seg om folk i Tromsø.

I fjor traff jeg Tromsøs daværende ordfører, Arild Hausberg (Ap). Dette skjedde på et møte der det var samlet journalister fra hele verden. Paul Henrik Kielland, sjefen på biblioteket, introduserte meg for Arild. Etterpå sendte jeg en forespørsel til han om vennskap på Facebook. Dette aksepterte han - noe jeg synes var skikkelig hyggelig gjort.

Den 9. oktober i år var jeg på Amnesty Internationals "kick-off"- program på biblioteket. Der hørte jeg en tale holdt av Tromsøs nåværende ordfører, Jens Johan Hjort (H). Bibliotekets tredje etasje var helt full av folk som ville delta på arrangementet. Jeg stod fram og fortalte min smertefulle historie.

Etter at programmet var ferdig, håndhilste jeg på Jens Johan Hjort. Han syntes at jeg snakket bra norsk! Ordføreren spurte også om hvor lenge jeg hadde vært i Tromsø. Jeg har forresten truffet ordføreren en gang tidligere. Den gang var det et annet Amnesty-arrangement. Jeg kan her nevne at Jens er veldig opptatt av den såkalte Yalda-saken i Tromsø. Jens viser ekte nestekjærlighet gjennom å engasjere seg for at den lille jenta Yalda skal få oppholdstillatelse i Tromsø.

I Bangladesh har man dessverre ikke slike ordførere som Arild og Jens. Norske ordførere opptrer sammen med helt vanlige mennesker. I mitt hjemland er ordførere kun sammen med personer fra overklassen. Det er bare når det er valg at de er ute og prater med folk. Når valget er over, kutter de igjen kontakten med de lavere klasser. Derfor føler mange at ordførere i Bangladesh er personer som holder til langt i det fjerne.

KAPITTEL 4

Ytringsfrihet

Hvorfor ønsker noen å stanse min penn?

Igjen ble noe jeg tok initiativ til, stoppet. Initiativet var ei nettavis jeg startet, der fokuset var på ytringsfrihet og menneskerettigheter. Etter at jeg forlot mitt land, var jeg redaktør for nettavisa "Euro Bangla". Denne engelske online-avisa ble hacket 24. juni i 2012. Hvem, og hvorfor noen gjorde dette, er ennå ikke oppklart.

I 2010 startet jeg nettavisa fra Tyskland. På kort tid ble avisa veldig populær. Dette var mitt private initiativ der et sentralt tema var menneskerettigheter. Andre saker som ble omtalt i «Euro Bangla» handlet om fredsarbeid og pressefrihet.

Etter drapet på journalister i Bangladesh, lastet jeg opp en nyhetsartikkel og publiserte den i nettavisa mi. Artikkelen avslørte at det siden 1984 er blitt drept én forfatter og 43 journalister i Bangladesh. Hundrevis av journalister har i tillegg blitt arrestert og torturert.

Før "Euro Bangla" hadde jeg en annen nettavis som het "Human Rights Today". Jeg brukte masse penger på dette prosjektet, men denne avisa ble også hacket. Jeg tror at de som er involvert i hackingen av "Euro Bangla" er blant dem som vil kneble demokrati og ytringsfrihet.

Jeg vet ikke hvorfor noen nettkriminelle prøver å stanse min penn. Men jeg vil bare si til dem at ingen kan stoppe meg og det jeg er motivert for å gjøre. Mitt mål er å hjelpe folk, og spesielt vil jeg gi stemme til de menneskene som ikke har mulighet til å jobbe for sine egne rettigheter.

Ytringsfrihet—og en bedre verden!

Hva er ytringsfrihet? Dette er et veldig vanskelig og komplekst spørsmål, synes jeg. Alle mennesker har rett til å si hva de mener. Dette er en helt grunnleggende rettighet. Den store filosofen, François-Marie Arouet Voltaire sa en gang: "Jeg er uenig i hva du sier. Men jeg vil inntil døden forsvare din rett til å si det". Dette er jeg fullstendig enig i.

Jeg er opptatt av å forstå om man har lov til å uttale seg om ting, selv om det noen ganger kan være krenkende i forhold til andre. Sannheten er relativ. Faktiske, historiske hendelser kan de fleste av oss være enig om. Men det finnes saker der folk har helt forskjellige oppfatninger av hva som er rett og galt.

I september 2012 ble det lagt ut en amerikansk film på YouTube som handlet om profeten Mohammad. Noen mente at denne filmen angriper muslimenes religiøse tro og syntes at filmen var veldig provoserende og støtende. Etter dette reagerte en god del muslimer i mange land med å drepe folk, ødelegge bygninger og biler. I flere byer satte man også fyr på det amerikanske flagget. Da er det jeg stiller spørsmålet: Er en slik reaksjonsmåte riktig og hensiktsmessig i henhold til Koranen?

Etter min mening er de ekstreme handlingene vi har sett, uakseptable. De som er ekstreme er ikke tilhengere av fred. Å håne og latterliggjøre noe som er hellig for andre fører sjelden til noe godt. Men å reagere med vold på provokasjoner er heller ikke særlig fredsskapende. Man må ikke glemme at ytringsfriheten er grunnleggende for demokratiet. Alle må kunne vise respekt for hverandre, selv om vi av og til kan være veldig uenige. Først da kan vi kanskje få en bedre verden.

Amnesty International

I år (oktober 2012) deltok jeg i den norske tv-aksjonen. Pengene som kom inn gikk til Amnesty International. Motto for aksjonen var "Stå opp mot urett". Over 200 millioner kroner ble samlet inn i hele landet. Jeg gikk fra dør til dør i et lite område i Tromsø. Det var spennende og gøy og en helt ny erfaring for meg. Mange yrkesgrupper, inkludert politikere og journalister deltok i innsamlingsaksjonen.

Amnesty International jobber for menneskerettigheter i hele verden. En viktig del av organisasjonens arbeid er å fokusere på presse- og ytringsfrihet. Som journalist er jeg svært takknemlig overfor Amnesty for den støtten jeg fikk da jeg selv var i livsfare. Hadde ikke jeg hatt Amnesty i ryggen, kunne jeg ha blitt drept av den paramilitære styrken, RAB. Hvert år får mange tusen mennesker sjanse til å starte et nytt liv i et nytt land, takket være Amnesty.

Dette var også tilfelle med meg. Mitt gamle liv er nå historie. Mitt nye liv er det Amnesty og "Reporters Without Borders" som står bak. Ved hjelp av dem fikk jeg mulighet til å komme til Tyskland etter invitasjon fra "Hamburg Stiftung". Nå bor jeg i Norge, og det føles som om jeg har fått livet i gave.

Nå skal jeg fortelle om hva jeg opplevde under innsamlingsaksjonen den 21. oktober. Været var dårlig, men til tross for det gikk mange bøssebærere fra hus for hus og samlet inn penger. Tv-aksjonen var liksom en fest. Alle var glade og hyggelige. Folk hadde forberedt seg på å gi penger, for mange stod med pengene klare i hånda da jeg ringte på.

I et hus jeg ringte på møtte jeg ei snill og vennlig dame i døra. Hun fant fram penger og la i bøssa mi. Jeg takket og skulle til å gå videre, men da kom to av hennes barn springende og ville også gi meg penger. De fortalte at dette var penger de selv hadde spart. Jeg ble veldig rørt over dette. En slik giverglede varmer mitt hjerte. Flere andre bøssebærere opplevde noe lignende.

Amnestys TV-aksjon viste at nordmenn står opp imot urett. Bortimot alle politikere, kjendiser, idrettsfolk og mange andre støtter Amnesty. Jeg synes at de med dette gjør en fantastisk jobb for menneskerettighetene. Det gjør meg veldig glad å se denne norske enheten. Derfor mener jeg at Norge er en eksepsjonell nasjon som framstår som god og positiv, og er et lysende eksempel for andre land i verden. De mange norske politikere viser gjennom sitt engasjement for Amnesty at de er utmerkede ambassadører i kampen mot urett og undertrykkelse.

I alle land bør folk kjempe mot undertrykkelse, bombing, fattigdom, aggresjon, diktatur og ufred. Vold mot folk og brudd på menneskerettighetene, må stoppes. Jeg håper at verden en dag vil forandre seg slik at det vil bli rettferdighet og fred for alle mennesker som bor på denne kloden.

Innsamlingsaksjonen som jeg var med på, er et utmerket eksempel på hva hver enkelt av oss kan bidra med for at folk i andre land skal kunne leve i trygt og uten fare for eget liv. Jeg konkluderer med at Amnesty International er en organisasjon som gjør en utmerket jobb og som fortjener hver krone som de mottar.

KAPITTEL 5

Språk og politikk

Den internasjonale morsmålsdagen

Etter at India i mange år hadde vært britisk koloni, fikk landet endelig sin selvstendighet i 1947. Så ble India delt i to, og det oppstod to separate land som heter India og Pakistan. Det gamle Pakistan bestod av to deler. Det ene var Vest-Pakistan, det andre Øst-Pakistan. I dag heter landene henholdsvis, Pakistan og Bangladesh.

Tidligere ble man i Øst-Pakistan tvunget til å snakke urdu, selv om 98 prosent av det bengalske folk hadde bengali som morsmål. Derfor kjempet folk imot den vest-pakistanske regjeringen. Man ofret mye for å få kunne snakke sitt eget språk. Pak-politiet brukte skytevåpen mot studenter på Universitetet i Dhaka. Dette skjedde den 21. februar i 1952. Mange studenter ble drept av politiet denne svarte dagen. Noen av dem var Salam, Rafiq, Jabbar og Borkat. Så til sist ble bengali etablert som morsmål i det tidligere Øst-Pakistan, det nåværende Bangladesh.

21. februar feires Den internasjonale morsmålsdagen. I 1952 kjempet vi bangladeshere (folk fra Bangladesh) for vårt morsmål. Over 300 mennesker i verden snakker i dag bengali. Bangladesh fikk sin uavhengighet i 1971 etter at tre millioner mennesker hadde blitt drept av den pakistanske hæren.

UNESCO erklærte at 21. februar skal være den internasjonale morsmålsdagen. Vi bangladeshere er stolte av denne dagen. Ettersom bengali er det sjette største språket i verden, håper vi at FN snart skal begynne å bruke dette språket som et av sine offisielle språk.

Arbeidernes internasjonale kampdag

1.mai kalles arbeidernes frigjøringsdag. Dette er den store kampdagen for arbeidere i alle land. Men i mitt hjemland, Bangladesh har man i praksis ingen rettigheter, dessverre.

I klesindustrien tjener arbeiderne bare ca. 300 NOK per måned. Industrieierne er ikke interessert i å gi sine ansatte en respektabel lønn. Arbeiderne jobber 10-12 timer hver dag. I tillegg må de leve med mye usikkerhet. Ulykker skjer ofte. For eksempel kan det oppstå branner der ansatte mister livet.

På te-plantasjene jobber det tusenvis av arbeidere. De har også nesten 10-12 timers arbeidsdag. I tillegg er jobben deres veldig hard. Men likevel får de bare 50-60 taka (4-5 NOK) om dagen. Vanlige menneskerettigheter eksisterer ikke. Arbeiderne har det umenneskelig. Samtidig lever industrieierne et liv i stor luksus.

KAPITTEL 6

Miljø, klima og forurensing

Klimaendring og Bangladesh

Klimaendringer er et viktig tema i arbeidet for fred i verden. Den globale gjennomsnittstemperaturen og havnivået er i forandring hver dag. Hele verden er bekymret for dette. Utfordringene som de globale klimaendringer skaper er mer alvorlig enn noen gang. Hele menneskeheten influeres av det som skjer med klimaet.

Som en mann fra Bangladesh ønsker jeg å si litt om hvordan dagliglivet og økonomien påvirkes i mitt hjemland. Allerede nå ser vi uvanlige endringer i årstidene. Hvert år kommer det både uventede regn- og tørkeperioder og store temperaturforandringer. Andre symptomer på endringer i de globale værmønstre kan også observeres, slik som flom, sykloner, kraftig regnvær og tørke. Erosjon vasker vekk jordsmonnet og saltholdighet vann trenger inn der salt ikke finnes naturlig fra før. Mye tyder på at alt dette skjer på grunn av klimaendringer. Årsakene til Bangladesh sin sårbarhet ligger hovedsakelig i tett befolkningsbestand, lavtliggende kystområder og hyppige oversvømmelser.

I følge Wikipedia, har Bangladesh i dag en befolkning på rundt 160 millioner mennesker. Samtidig som landets befolkning har vært økende, har store områder med planter og trær blitt ødelagt. Dhaka, hovedstaden i Bangladesh, er den mest truede byen i Asia på grunn av klimaforandringer. Hvis dette fortsetter, vil det finansielle systemet komme ut av balanse. Mange mennesker vil også få problemer med å overleve.

I dag er det 10,3 millioner mennesker som lever i Dhaka. I 2025 vil befolkningen ha økt til 20,5 millioner. Dette betyr at man før 2015 må sette inn forebyggende tiltak for å forbedre leveforholdene til ti millioner sårbare mennesker Bangladesh. Naturkatastrofer, som flom, tropiske sykloner, tornadoer og tidevannsboringer oppstår nesten hvert år. Syklonene i 1970 og 1991 var spesielt ødeleggende. En syklon som rammet Bangladesh i 1991 tok livet av ca. 15 000 mennesker. I 1998 hadde man den mest alvorlige oversvømmelsen der 1000 mennesker mistet livet og 30 millioner ble husløse.

En økende verdensbefolkning og skadelig industrialisering på verdensbasis, er de viktigste årsakene til det som skjer. Graden av stormer, tørke, nedbør, flom og andre naturkatastrofer har vært økende i asiatiske land, og spesielt i Bangladesh. Global oppvarming truer landbruket, ryggraden i landet. Hvert år kommer det naturkatastrofer som berører alle områder av landet. På grunn av begrensede ressurser har ikke Bangladesh kapasitet til å sørge for at nødvendige tiltak blir iverksatt for å redusere skadene.

Hvert år ødelegges det dammer, innsjøer og skogsområder. Nasjonale og regionale varianter av fisk forsvinner. Spesialister har rapportert om at 54 av landets fiskearter har gått tapt på grunn av at klimaet er i ubalanse. Også dyrelivet er i fare. Over 40 prosent av folk i Bangladesh lever under svært vanskelige forhold. Samfunn og miljø er følsomt for klimavariasjoner. Helse, landbruk, naturlige økosystemer og kystområder blir i stor grad berørt av dette.

Ifølge «Water Development Board», må det bygges totalt 11.000 kilometer med demninger. 250 kilometer av disse demningene ble skadet da syklonene «Sidr» og «Aila» raste. Den eksisterende demningen ved Hatia må bygges 4,5 meter høyere for at den skal beskytte mot stormflo og det antatt stigende havnivået. Eventuelle fremtidige fyllinger bør bygges slik at de blir to til fire meter høyere enn de som eksisterer i dag.

På grunn av det ustabile klimaet, har været i Bangladesh endret seg. Vannstanden har falt, temperaturen har steget og forekomsten av sykloner, flom og tørke har økt. Dette påvirker avlinger og folks livsstil. Minst 30 elver, inkludert elvene Padma, Gomti og Teesta, har tørket inn. De fleste av de andre elvene i Bangladesh er alvorlig berørt fordi de har blitt fylt med jord. Deler av Nord-Bangladesh er nå ørkenområder. Geologiske og biologiske endringer i området truer normalt liv.

Folk over hele verden hadde håpet på et positiv resultat av FNs konferanse om klimaendringer. Man kunne ønsket at verdens ledere kunne diskutert seg fram til en bærekraftig løsning. Jeg spør: Kom man egentlig fram til noe på denne konferansen?

Bangladesh er et av Asias mest underutviklede land. Mange lurer på hvordan landet skal forholde seg til klimautfordringene. Det har vært avholdt klimatoppmøter i Dublin og København. Har disse møtene hatt noen avgjørende virkning på klimaproblemene?

Det finnes håp. Nylig ble det inngått en avtale mellom Bangladesh og Nederland, der Nederland skal hjelpe Bangladesh økonomisk og teknologisk fram til 2100. Fra før har Bangladesh fått 125 millioner amerikanske dollar fra andre giverland.

Bangladesh trenger teknologisk og økonomisk støtte for å overvinne virkningene av klimaendringer. Like viktig er riktig håndtering av eventuelle utenlandske fond Bangladesh mottar, ettersom vi vet at korrupsjon er et hinder for folks velstand. Da er man nødt til å redusere korrupsjon og forsøke å få til en demokratisk praksis. Ellers kan all bistand til Bangladesh være nytteløs.

En sigarettsneip

Jeg vil nå ta opp et uvanlig tema. Unnskyld meg for det. Men jeg vil gjerne skrive litt om sigarettsneiper fordi dette har med natur og forurensing å gjøre. Mange folk røyker. Det er et faktum. Om vinteren er det Norge veldig pent når snøen ligger på gata. Den hvite snøen ser flott ut. Det er også komfortabelt og mykt å gå på snø.

Men dessverre er det alltid noen som kaster fra seg sigarettsneiper i snøen. Det er ikke bra. Derfor har jeg et spørsmål til de som gjør dette. Hvorfor forurenset dere naturen? Jeg vet ikke. Røyk er dessuten skikkelig stygt og lukter forferdelig. Og tross alt er jo røyking skadelig både for helse og miljø. Det er heller ikke bra å røyke når du er sammen med barn. Hvis du røyker i nærheten av meg, blir jeg automatisk passiv røyker. Og alle vet at røyking kan være kreftfremkallende. Hvis du fortsatt ønsker å røyke, ikke gjør det på gata der mange folk ferdes. Noen som enig med meg?

KAPITTEL 7

Krig og fred

Vi ønsker fred

Holocaust er et mørkt kapittel i verdenshistorien. Seks millioner jøder ble drept av Hitlerregjeringen i Tyskland. For en tid tilbake skrev nobelprisvinneren Günter Grass et dikt som heter "Det som må bli sagt". Blant venner av Israel rundt om kring i verden skapte dette negative reaksjoner fordi diktet inneholdt kritikk av den israelske atompolitikken.

Men dette betyr selvsagt ikke at Grass er spesielt kritisk bare mot staten Israel. Den tyske forfatteren skrev om faren for at en tredje verdenskrig kan bryte ut hvis Israel og Iran angriper hverandre. Poenget hans var at atomvåpen kan true verdensfreden. Og da mente han at det kunne være legitimt å kritisere Israel, en av verdens atommakter. Israel har i mange år hatt atomvåpen. Iran har i de siste årene prøvd å bygge opp atomkraftverk. Israel er redd for at Iran samtidig prøver på å utvikle atomvåpen. På grunn av dette truer nå Israel Iran. Günter Grass sitt dikt er en kommentar til dette.

Noen mener at diktet er en ensidig kritikk av Israel, men etter min mening er dette ikke tilfelle. Hvordan kan så fred skapes? Først og fremst må vi redusere verdens fattigdom slik at alle på jorda skal få høyere levestandard. De økonomiske forhold må forbedres i alle land -ikke bare i enkelte land.

For en forfatter som Günter Grass er det et mål å prøve å forholde seg til sannheten. Selv om det kan være ubehagelig noen ganger, så kan det i blant være nødvendig å kritisere sine gamle venner. Det er dette Grass har gjort i sitt

---

32

dikt "Det som må bli sagt". Jeg mener at atomvåpen og atomkraftverk er farlig uansett hvilke land som disponerer slik teknologi.

Nobels fredspris

For en tid tilbake hadde jeg en samtale med en venn som bor hjemlandet mitt. Han sa at statsministeren i Bangladesh, Sheikh Hasina trolig får Nobels fredspris for 2012! Vennen min sa forresten også det samme i 2011. Men i år er det større sjanse for at Hasina får prisen, mente kameraten min. Jeg spurte da: Hvorfor har Hasina gjort seg fortjent til Nobels fredspris? Jo, sa han, det er fordi Hasina snakker om fred og kommer med forslag til fredsbevarende tiltak når hun er ute og besøker andre land.

Hasina fikk ikke fredsprisen, og det er kanskje forståelig, fordi hun har ennå ikke klart å skape fred i sitt eget land. Hun snakker mye om fred når hun er på reise i utlandet, men Nobelprisen dreier seg ikke bare om prat. Det må også skje noe i praksis. Jeg mener at Den norske Nobelkomité blant annet er avhengig av at presse og media klarer å skaffe troverdige opplysninger om kandidater til fredsprisen.

Angrep på noen buddhister og deres templer i Bangladesh, viser at det ikke er etablert fred ennå. Dette gjelder spesielt "CHT"- området. Der foregår det fremdeles vold mot kvinner, minoritetsfolk blir krenket, drap forekommer og barnearbeid er utbredt.

Man diskuterer også om hvor mye demokratisk praksis det er i statsminister Hasinas eget parti. Hun liker ikke dem som tar opp kontroversielle saker og har derfor sparket flere av partiets valgte ledere som hun misliker.

Drap blir fremdeles begått av den paramilitære styrken (RAB). Samtidig kan man spørre seg hva statsministeren har gjort med dette. Av og til blir Hasina veldig opprørt og sint på journalister som kommer med kritikk mot hennes måte å styre på.

I år fikk Den norske Nobelkomiteen forslag på 231 forskjellige kandidater til fredsprisen. Den 12. oktober offentliggjorde Nobelkomiteen hvem som fikk årets fredspris. Det hadde jeg lenge ventet på i spenning! Det ble ikke Hasina, men Den europeiske union (EU) som fikk prisen. Etterpå ringte jeg tilbake til min bengalske venn, som sa: Vi for se hva som skjer neste år!

Fredspris og pressefrihet

En ung tegneserieskaper fra Bangladesh heter Arifur Rahman. Han laget i 2007 en tegneserie for magasinet Alpin. Denne kontroversielle tegneserien heter «Naam». Noen ekstremister begynte å demonstrere mot eier og avis. Etterpå ble Arifur arrestert, fengslet og utsatt for tortur. Nå bor han som flyktning i Drøbak. Redaktøren av magasinet fikk også sparken av magasinets eier. Eieren av magasinet er forretningsmannen Latifur Rahman. Latifur har fått den prestisjefylte prisen «Oslo Business for Peace».

Jeg er usikker på om Latifur skulle ha fått denne prisen. Han har uttalt at det eksisterer pressefrihet i Bangladesh! Men likevel mottar pressefolk likevel trusler fra regjeringen. Den 11. februar 2012 ble tv-journalistene, Sagar og Runi ble funnet drept. 44 pressefolk er myrdet siden 1984 i hjemlandet vårt.

Der det finnes et velfungerende demokrati eksisterer det også menneskerettigheter, inkludert presse- og ytringsfrihet - altså demokrati i praksis. Men folk kidnappes, fengsles, forsvinner, drepes og tortureres. Hver eneste dag blir journalister utsatt for trusler fra terrorister og mektige, korrupte politiske ledere. Dette skjer i Bangladesh.

Overalt finner man korrupsjon og uærlighet. Hvor er rettferdighet, menneskerettigheter og demokrati? Folk har behov for fysisk trygghet, at det er fred der de bor og at det er tilgang på nok mat. Dessuten må man ha skoler og et helsevesen som fungerer.

I hjemlandet mitt finnes det i praksis ingen sosial ansvarlighet i forretningssektoren. Noen forretningsmenn i Bangladesh bruker mediene for å unndra seg skatt. Andre får internasjonale priser og utmerkelser selv om de er uærlige og korrupte. Samtidig sier folk som Latifur at vi har full pressefrihet. Dette er ikke sant.

Røde Kors

Der det er krig og humanitære katastrofer finner du Røde Kors. Dette er en organisasjon med aktiviteter over hele verden. Humanitet, upartiskhet og nøytralitet er sentrale prinsipper. Røde Kors jobber i katastrofeområder hvor de støtter, beskytter og bidrar med viktige aktiviteter for å verne sårbare mennesker. Røde Kors er en organisasjon man kan søke ly hos når det er fare på ferde. På denne måten er Røde Kors med på å etablere fred i områder rundt omkring på kloden. Røde Kors er politisk og religiøs nøytral. Organisasjonen yter hjelp til alle, uavhengig av religion, hudfarge, rase, stammetilhørighet eller nasjonalitet. Alle blir behandlet likt; rike, fattige, store, små, hvite og svarte. Røde Kors gir beskyttelse og jobber for å trygge fred og bedre folks helse.

Hvert år reddes millioner av mennesker, inkludert mange barn som lever i fare. Mange får livet sitt i gave på grunn av redningsarbeidet til Røde Kors. Organisasjonen jobber både dag og natt. Røde Kors gir alltid en hjelpende hånd til mennesker i nød når det er krig, ulykker, brann, sykloner og tsunamier. Ett av menneskehetens viktigste behov er å ha et trygt samfunn. Røde Kors jobber under krig og i konfliktområder for å beskytte menneskeliv, yte medisinske tjenester og bidrar til å dekke de primære behov folk har for mat, klær og bolig. Det organiseres opplæring for unge mennesker slik at de kan dra ut i verden og bistå i Røde Kors sitt arbeid.

Henri Dunants tankegods om at det også i krig må finnes regler, omtanke og medmenneskelighet, resulterte i det som i dag kalles den internasjonale humanitære rett (IHR). Det internasjonale forbundet består av Røde Kors og Røde Halvmåneforeninger, i alt 186 nasjonale foreninger godkjent av Den internasjonale Røde Kors-komiteen (ICRC). Disse organisasjonene jobber uavhengig av hverandre, men er forent gjennom felles grunnprinsipper, mål, symboler, vedtekter og styresett. Det er nesten 100 millioner frivillige i organisasjonen på verdensbasis.

Jeg ønsker her å dele noen av mine personlige erfaringer fra Røde Kors sitt arbeid lokalt i Tromsø. I oktober 2011 besøkte jeg biblioteket i Tromsø, også kjent blant folk kjent som byens hjerte. Det fikk jeg informasjon om hva Røde Kors jobber med. Noen uker senere kom en dame fra Røde Kors og besøkte klassen min på Voksenopplæringa. Hun informerte om Røde Kors sine aktiviteter for de av oss som kom til Norge fra andre land. Jeg har alltid hatt et stort ønske om å jobbe som frivillig for Røde Kors. Jeg tenkte at Røde Kors også kunne være en arena for å lære bedre norsk.

Etter informasjonsmøtet dro jeg og besøkte Røde Kors. Der traff jeg Nina Moe-Nilssen, omsorgskoordinator i lokalavdelingen. Den dagen snakket jeg med henne halvt på engelsk og halvt på norsk. Neste uke fikk jeg en henvendelse fra organisasjonen, og så begynte jeg å jobbe der som frivillig.

Gjennom frivillig arbeid i Røde Kors har jeg lært om samarbeid og sett demokratiet i praksis. Alle som er tilknyttet organisasjon er like viktige, uansett om de er ansatte eller frivillige. Jeg verdsetter dette høyt. De ansatte er hjelpsomme og vennlige. De bistår de frivillige og tilrettelegger slik at vi kan utføre en god jobb. Jeg kom også raskt i kontakt med Tord Eriksen, daglig leder i Troms Røde Kors. Jeg setter stor pris på hans imøtekommenhet og vennlighet. Gjennom Røde Kors er jeg ikke kun frivillig, men har også selv fått mye hjelp og støtte. Det er flere frivillige på Røde Kors-huset med høy datakompetanse og de hjelper gjerne. Fra andre ansatte og frivillige har jeg fått mye assistanse med data. Nina er alltid imøtekommende uansett hva jeg har på hjertet. Jeg har også fått kontakt med Tizita Girma, som var flerkultur-koordinator i Tromsø Røde Kors. En dag tok hun meg med på Kvaløya for å gå på ski. Det var første gang i mitt liv jeg gikk på ski. For meg er menneskene i Tromsø Røde Kors blitt mine venner.

Enhet, nøytralitet og universalitet er blant Røde Kors sine prinsipper. Gjennom samarbeid mellom frivillige og ansatte praktiseres disse prinsippene i organisasjonen.

Jeg vil avslutte med å be om at flere burde engasjerer seg i Røde Kors nettopp nå. Hvis du har litt ekstra energi, er positiv innstilt og har litt ekstra fritid - da bør du involvere deg. Jeg håper og ønsker at Røde Kors og de som jobber for denne organisasjonen vil kunne yte hjelp der det trengs. Slik vil det blir skapt mer fred og harmoni på jorda. Dette er mitt inderlige ønske.

Kapittel 8

Mitt hjemland

Den berømte mannen

Jeg skal nå fortelle om en berømt mann fra Bangladesh. Han heter Muhammad Yunus. Denne mannen var professor på det store Universitetet i Chittagong, Bangladesh. Yunus startet opp det som etter hvert ble kjent som mikrokredittsystemet. Dette begynte han med rett etter at mitt hjemland fikk sin uavhengighet.

Først introduserte han systemet i Bangladesh. For dette arbeidet fikk han i 2006 Nobels fredspris. Dermed ble han også en verdenskjent person. Men verden kjenner ikke så godt til hans arbeid med mikrokreditt. Hans bank, "Grameen Bank" jobber for de fattigste kvinnene i Bangladesh. Men denne banken krever veldig høy rente fra kvinnene. Noen eksperter sier at rentene på lån fra Yunus sin bank er mellom 40-125 prosent. Dette er en stygg stripe i lakken for nobelprisvinneren og hans virksomhet.

I 2010 viste NRK en dokumentar om hvordan menneskerettigheter blir krenket via banken Yunus har opprettet. Jeg synes det var riktig at denne dokumentaren ble laget. Spørsmålet blir: Bidrar Muhammad Yunus til fred og redusert fattigdom med sin virksomhet? Men uansett så er vi glade for at denne mannen fikk den prestisjetunge Nobelprisen fordi mye av det han har oppnådd har vært bra.

Den bengalske nasjons far

Jeg vil fortelle om en politiker. Politikeren er kjent under tilnavnet "Bangabondhu" - venn av Bengal. Folk ga han dette navnet for å vise han respekt. Han egentlige navn er Sheikh Mujibur Rahman og blir betraktet som en av de store lederne i Bangladesh.

Han ledet uavhengighetskampen og var kjempepopulær i mitt hjemland. Han ble født 17. mars i 1920 og er den store politikeren som sloss mot det pakistanske diktaturet gjennom 24 år. Han ledet frihetskampen i 1971 og var fengslet mange ganger i de årene han kjempet for sitt lands uavhengighet.

Det var under denne frihetskampen at tre millioner mennesker ble drept av pakistanske militærstyrker. 200 000 kvinner ble voldtatt i krigen i 1971. Kampen sto mellom det tidligere Øst-Pakistan og Vest-Pakistan I dag heter disse landene Pakistan og Bangladesh.

Bangabondhu ble sammen med sin kone og tre sønner drept den 15. august 1975. Nesten alle de andre familiemedlemmene ble også henrettet av de militære. Sheikh Mujibur blir sett på som den bengalske nasjons far. Det står til og med skrevet i vår grunnlov. Hans datter, Sheikh Hasina er i dag statsminister og Bangladesh sin politiske leder.

Angst og utrygghet i eget soverom

Tidlig om morgenen den 11. februar 2012 ble et ektepar brutalt drept på sitt eget soverom. Drapet skjedde i nærvær av deres seks år gamle sønn i parets hjem i hovedstaden Dhaka i Bangladesh.

Ekteparet jobbet begge som tv-journalister og var populære programskapere. Mannen, som het Sagar ble drept med 28 knivstikk. Kona Runi døde etter å ha blitt knivstukket fem ganger. Under obduksjonen av Sagar så man at det sto fast en liten kniv i hans høyre bryst. Nesten hele knivbladet hadde gått inn i kroppen hans. Noen av knivstikkene ble målt til å være rundt to og en halv tomme brede. Runi ble dødelig knivstukket i underlivet. I tillegg fikk hun også to dype knivstikk i hodet. Drapet på de to tv-journalistene ble etterforsket, men politiet har ennå ikke pågrepet noen av morderne. Heller ikke motivet for drapene kunne politiet finne.

Sagar jobbet som nyhetsredaktør i den private TV kanalen Masranga. Runi var seniorjournalist i den private kanalen ATN Bangla. Ekteparet jobbet med stoff relatert til energisektoren.

Siden 1984 er det i Bangladesh blitt drept 44 journalister, inkludert den berømte forfatteren Humayun Azad i Bangladesh, og altså Sagar og Runi. Journalister over hele Bangladesh har protestert mot drapene og at journalister stadig må leve i utrygghet. De mener at mord på journalister ikke etterforskes grundig nok, og at dette er respektløs mot de gjenlevende familiemedlemmene.

Statsministeren i Bangladesh, Sheikh Hasina reagerte med sinne på journalistenes protester og sa at de fleste journalistene ble drept før hun ble statsminister. Hun uttalte også at det ikke er mulig for regjeringen å gi full sikkerhet for borgerne i deres egne soverom.

Det finnes faktisk også noen journalister som er enige med statsministeren i hennes uttalelser. I år var en bengalsk journalist på besøk i Oslo. Han uttalte: «I mitt hjemland er det hundre prosent pressefrihet!» Men samtidig med at han sa dette ble det begått overgrep mot journalister i Bangladesh. Tre fotojournalister ble stoppet på gata og torturert av politiet. På samme tid angrep også terrorister et nyhetsbyrå. Resultatet var at to journalister og en ansatt kom alvorlig til skade. Som om dette ikke var nok, ble to journalister drept på åpen gate noen måneder senere.

Det denne såkalte «journalisten» sier er ikke samsvar med det som skjer i dagens Bangladesh. Derfor er det naturlig å stille spørsmålet: Er denne mannen representativ for det bangladeshiske journalister mener? Eller kan han være en utsending for myndighetene?

Sannheten om mitt hjemland

Nå er det litt over 40 år siden Bangladesh fikk sin selvstendighet. Men ennå er landet ingen reell rettsstat. Administrasjonsmyndighetene er korrupte og lite demokratiske. Kulturlivet fungerer veldig dårlig. Vanlige folk søker ro og fred, men drap, vanstyre, terror, korrupsjon og ulike militante retninger står i veien for fremgang. Undertrykkelse i form av etnisk og religiøs rensing finner sted. Drap på journalister gjør at det eksisterer ingen fri presse. Fred, reelt demokrati og en fungerende rettsstat er målet for de fleste mennesker i Bangladesh. Men dessverre eksisterer det ennå mye religiøs fanatisme og overtro. Folk er fattige og mange får ikke den nødvendige utdanningen de har behov for. Umoral og godt etablert kriminalitet finnes overalt. Det sås splid mellom folk og det eksisterer ikke likebehandling. Og tortur, drap og terror utført av fundamentalister holder befolkningen nede i angst og fortvilelse.

Muslimer, hinduer, buddhister og kristne lever sammen i Bangladesh. Folk fra alle religioner har kjempet sammen for uavhengighet i hjemlandet mitt. Mange har ofret sitt blod for det de tror på.

Med enorme anstrengelser, og under ledelse av Sheikh Mujibur Rahman, fikk nasjonen en god sekulær grunnlov. Men bare fire år etter uavhengigheten, ble nasjonens far, Rahman og hans familie, brutalt drept. De påfølgende regjeringer med general Ziaur Rahman og general HM Ershad har endret og revidert grunnloven og gjort den til en farse. Islam ble erklært statsreligion, til tross for at Bangladesh har fire religioner, pluss urfolkets egen tro. Denne radikale forandringen av den tidligere sekulære grunnloven var virkelig en avskyelig handling. Gjennom disse tiltakene ble religiøs fanatisme og fundamentalisme gitt legitimitet. De militante grunnleggerne som nå regjerer i islams navn er blitt det største problemet i Bangladesh. Landet har nå hatt over 40 år med uavhengighet, men krigsforbryterne som var direkte involvert i folkemordene under kampen for uavhengighet, har ennå ikke blitt straffet. Det politiske partiet, Jammat-e-Islam, slår regelmessig bensin på det fundamentalistiske bålet.

Religiøs politikk, i form av islamisme er ikke forbudt i landet. Statsterror i form av drap vil ingen ende ta. Korrupsjonen er den største hindringen for oppfyllelse av grunnleggende rettigheter for folket. De religiøse minoritetene plages daglig. En liten privilegert del av folket sitter på pengene, mens flertallet, 90 prosent, lever i fattigdom. Samtidig har mange konstitusjonelle rettigheter blitt borte. Hundrevis av politikere, journalister, advokater, dommere og vanlige mennesker er blitt drept.

Ulike statskontrollerte væpnede terrorgrupper har skapt en ekstrem frykt og en umenneskelig situasjon med tortur og drap på uskyldige mennesker. I løpet av disse årene med tilsynelatende uavhengighet, har landet i 17 lange år vært underlagt militær lov og styre. Planlagt folkemord, tortur, drap, kriminalitet og "ulykker" forårsaket av militante, er aldri blitt etterforsket skikkelig. Etter slike hendelser oppretter selvfølgelig regjeringen komiteer for å finne synderen, under mottoet: "De som er kriminelle, vil definitivt bli straffet".

Men dette er tomme ord og løfter som aldri har blitt gjennomført. Kort sagt så oppklarer man ingenting. Bekjennende drapsmenn som har begått ytterst grufulle drap, reddes fra statlig hold. Og rettssakene mot slike folk blir alltid holdt for lukkede dører av livredde dommere. Den kriminelle tendensen øker gjennom fraværet av rettferdighet. Samtidig kriminaliseres alle statlige organer. Overklassens uendelige grådighet tvinger folket ned mot en levestandard som blir faretruende lav.

De fleste politiske partier har ingen reell forståelse av den demokratiske idé, og de islamistiske militante vokser i antall. Barn og kvinner tortureres, og religiøse forordninger (fatwa) utstedes. Raid foretas med bomber og granater. Konspirasjoner, misunnelse og ondskap ligger bak. Brorskap, gjensidig glede, solidaritet, kjærlighet og respekt er fraværende. Man savner menneskelighet og de fleste politikerne styres av egoisme og grådighet og trangen til makt og rikdom.

Hver dag går millioner av mennesker sultne og så å si nesten nakne på grunn av mangel på klær. Hvert år lider millioner på grunn av flom, tørke, sykloner og matmangel. På grunn av endringer i naturen eller effekter av menneskeskapte klimaforandringer, mister utrolig mange alt det de eier. De fem grunnleggende rettigheter som går på det å ha nok mat, klær, utdanning, helsetjenester og bolig, er helt ukjent for det store flertallet av folket. Hvert år dør utallige personer av sykdommer som ikke blir behandlet. Millioner av barn har ingen tilgang til skoler, og barnearbeid er veldig utbredt. Voldtekter av kvinner er også svært vanlig i Bangladesh. Dessuten er det arbeidsdiskriminering. Her finnes ingen lik lønn for likt arbeid. Personer som begår kriminalitet blir benådet eller forblir ustraffet av staten. Dette er et stort hinder for etablering av rettssikkerhet i Bangladesh. En generell statistikk fra 2004 og fram til i dag viser at rundt 2000 mennesker ble drept såkalt "tilfeldig", eller at de havnet i "kryssild", "i møter" eller "i branner".

Etter drapet på nasjonens far, Rahman, startet en kultur med å gi amnesti til forbrytere. Dette pågår fortsatt, og til og med under dagens store allianseregjering. Basale menneskerettigheter virker uoppnåelige i Bangladesh. Presse- og ytringsfriheten krenkes med tortur og drap. Nå har også tortur blitt institusjonalisert. I Bangladesh er forbrytelser mot menneskeheten utbredt. Fred, godt styresett, rettssikkerhet og demokrati er i praksis ikke-eksisterende. Nesten hver dag slipper gjerningsmenn ustraffet fra sine misgjerninger. Som et resultat av det er det en konstant økning i alle typer umenneskelige handlinger. Samtidig har sekterismen økt svært raskt, og vårt urfolk og våre religiøse minoriteter lider. Etter to år med unntakstilstand, fikk vi en valgt regjering i januar 2009. Men situasjonen for menneskerettighetene er fremdeles ikke endret.

I vår kamp for frihet har tre millioner mennesker blitt drept. To millioner kvinner har mistet sin verdighet gjennom voldtekter. Etter en ni måneder lang krig, oppstod Bangladesh som egen stat i 1971. Alle krigsforbryterne fikk da forlate fengslene. I fire år hadde Bangladesh et demokratisk styresett. Etter 1975 overtok de militære makten, og de kontrollerte landet fram til 1990. Deretter begynte islamiseringen. De to som stod bak dette var generalene Zia og Ershad, og de bestemte at islam skulle etableres som statlig religion.

I Bangladesh har den brutale forfølgelsen av etniske minoriteter og urfolk eksplodert. En kultur som fornekter rettferdighetsprinsippet, er roten til all forfølgelse av landets etniske og religiøse minoriteter. Dette berører bare ikke en del av landet, men er også svært skadelig for hele rettssystemet. Angrepet på den religiøse minoriteten bringer med seg ideen om "islam i grunnloven".

Etter det nasjonale valget i 2001 begynte partiene som hadde vunnet å terrorisere politiske motstandere og folk med minoritetsbakgrunn. Mødre og døtre ble vanæret og voldtatt foran familien sin, menn drept, jenter bortført og hus plyndret og brent.

Det fantes ingen rettferdighet. Videre ble minoriteter tvunget til å forlate landet. Det er minst 45 urfolksgrupper i Bangladesh. Hver har sin egen kulturarv og historie. De utgjør til sammen mer enn 250 000 mennesker. Ulike urfolk lever i forskjellige deler av landet. De fratas sine landområder og urfolkskvinner blir regelmessig ydmyket. 200 000 hinduer har mistet sine eiendommer gjennom merkelige lover. Under delingen av det indiske subkontinentet i 1947, var det i det daværende Øst-Bengal 40 prosent hinduer i tillegg til andre minoritetsbefolkninger. Nå er det knapt 10-12 prosent igjen.

På grunn av kontinuerlig trakassering, undertrykkelse, drap og trusler, reduseres antallet minoriteter fra dag til dag. Vi krever at forfølgelser stopper nå, og at regjeringen gir minoritetsgrupper de samme rettighetene som folket for øvrig. De som ser ansvarlige for forfølgelsene må bringes for retten. Vi ønsker et likestilt samfunn uten tortur og brudd på menneskerettighetene.

Folket i Bangladesh krever fortsatt rettslig forfølgelse av krigsforbrytere. Skal man bekjempe islamske militante, er det viktig å fullføre etterforskningen av krigsforbrytere—både av enkeltpersoner og av regjeringspartiet selv. Dette partiet var involvert i massedrap, voldtekter, plyndring og ødeleggelser i løpet av frihetskampene i 1971. Krigsforbrytere drepte våre intellektuelle, journalister, forfattere, filmskapere, leger, kvinner og barn, og alle som samarbeidet med den pakistanske hæren. Ikke bare det, men de er også ansvarlig for voldtekter, ødeleggelser og plyndringer som fant sted under uavhengighetskrigen. Derfor er rettssakene mot disse krigsforbryterne viktige.

Begrepet "utenomrettslige drap" betyr henrettelser uten dom. Dette er et alvorlig brudd på menneskerettighetene. Det er både en krenkelse av Bangladeshs grunnlov og av FNs verdenserklæring om menneskerettigheter. Disse typer drap forekommer imidlertid fortsatt hyppig i Bangladesh. Under Hasina-regjeringen har rundt 300 personer blitt henrettet uten lov og dom fra 7. januar 2009 og fram til i dag. Da Hasina var i opposisjon, raste hun mot disse drapene. Nå er hun selv ansvarlig for dette. Høyesterett i Bangladesh har bedt regjeringen om å forklare hvorfor folk blir drept uten at de først stilles for retten. Man spør også om hvorfor det ikke settes i verk tiltak mot gjerningsmennene. Men man hører intet fra regjeringen.

Militant islamisme er en stor trussel mot den globale freden. I de fleste asiatiske land er det grobunn for slike militante grupperinger. Folks lykke har blitt sabotert av militante islamister både i Pakistan og Afghanistan. De militante gruppene er også fremdeles organisert og aktive i Bangladesh. De har opprettet treningsleirer der man får opplæring i bruk av våpen og sprengstoff. Militante islamister angrep "Twin Tower" i USA, og al-Qaida har også truet Tyskland, Frankrike og Norge.

I Bangladesh bruker de fleste politiske partiene religion for å nå politiske mål. Nesten hele systemet i landet er blitt infisert av kriminalitet og korrupsjon. Vi kan betegne det hele som et dysfunksjonelt demokrati.

I tillegg har Bangladesh andre store problemer, slik som utbredt fattigdom, naturkatastrofer, klimaendringer, svakt utdanningssystem, dårlig planlegging og svak fungerende rettsstat. Man kan finne uærlighet, umoral, uansvarlighet og korrupsjon overalt i Bangladesh. Statlige institusjoner som rettsvesenet, rettsstaten, forskrifter, grunnloven og nasjonalforsamlingen har blitt deaktivert.

Journalister i Bangladesh venter på rettferdighet for deres torturerte og drepte kollegaer. Situasjonen er svært kritisk for journalister, forfattere og menneskerettighetsaktivister. Dette gjelder også for de som på nøytralt vis arbeider for folket, for de som ikke har en egen stemme eller forsvarer de som har vært trakassert av regjeringen og RAB-hæren. I 2009 ble journalisten F.M. Masum brutalt mishandlet av RAB. I 2011 ble journalist og menneskerettighetsaktivist F.M.A. Razzaq torturert av hæren og deres medsammensvorne.

Det er nødvendig å straffe dem som begår menneskerettighetsbrudd. Regjeringen i Bangladesh bør slutte å la forbrytere gå fri. Kvinner og barn er også utsatt for umenneskelighet og diskriminering. Hvert år har mange kvinner og barn blitt ofre for menneskehandelen som pågår mellom Bangladesh og andre land.

Menneskehandel er en forbrytelse mot menneskeheten. Ifølge UNICEF er 400 kvinner og barn ofre for menneskehandel hver måned. Ulike studier rapporterer at et stort antall kvinner og barn har blitt smuglet ut av landet de siste tre tiårene. Rundt 300 000 barn og kvinner mellom 12 og 30 år har blitt utsatt for den forferdelige handelen som har foregått fra Bangladesh og til India i løpet av det siste tiåret.

Kvinner og barn blir ført bort fra sine hjem under falske løfter om at de skal få et bedre liv dit de kommer. Mange selges til bordeller. Kvinners situasjon er svært sårbar. De tortureres, voldtas, får syre kastet i ansiktet og drepes. Dessverre skjer dette veldig ofte i Bangladesh. Barnearbeid er forbudt, men i praksis ser vi barnearbeid overalt i Bangladesh. Ifølge "Bangladesh Bureau of Statistics" (BBS) var det i 2002-2003 4,9 millioner arbeidende barn. 14,2 prosent av den samlede mengden barn var i aldersgruppen 5-14 år. Den totale arbeidstiden til barnearbeiderne mellom 5 og 17 år er anslått til 7,9 millioner arbeidstimer per år. Harde tall og harde fakta. Sannhetens tall og sannhetens fakta. Dette er ikke hyggelig lesning, men er dessverre sannheten om Bangladesh.

Situasjonen for minoritetsfolk i Bangladesh

I mitt hjemland er det ti prosent av totalbefolkningen som tilhører minoritetsgrupper. De fleste av disse er hinduer. Resten, ca. 1 prosent, er kristne, buddhister og urfolk. 90 prosent utgjøres av den muslimske majoriteten. De som tilhører minoritetsgruppene blir forfulgt og undertrykket, spesielt gjelder dette hinduer. Det finnes 45 urfolksgrupper i Bangladesh. Av disse bor i de fleste i CHT-regionen i Nord-Bangladesh. De har egen kultur, snakker eget språk og har sine spesielle skikker.

Av og til går noen fra den mektige muslimske majoriteten til angrep på folk tilhørende minoritetsgrupper. Stadige trusler har gjort at en god del hinduer har måttet flytte til nabolandet India. Mange kvinner som er urfolk eller tilhører de andre minoritetene, blir krenket og voldtatt. De som tilhører minoritetsgrupper er ennå ikke godkjent som urfolk av grunnloven. Minoritetsfolk føler seg ikke trygg i Bangladesh. De må hele tiden beskytte seg mot overgrep fra det muslimske flertallet.

På 700-tallet var det nåværende Bangladesh et stort buddhistisk rike. I dag lever det få buddhister i dette området. De som bor der opplever overgrep og undertrykkelse. Nylig ble en del buddhister angrepet. Midt på natta den 29. september 2012 satte noen som tilhører en ekstrem muslimsk retning fyr på buddhistenes hus og tempel i Ramu. Dette er et berømt område som turister stadig søker til. Det vakre buddhisttempelet var i mange år en fin attraksjon. Nå er det ødelagt.

Fremdeles bærer Bangladesh preg av at islam er statsreligion. Jeg mener at ikke eksisterer noen demokratisk praksis i mitt hjemland. Den dårlige politiske kulturen er ikke bra for landet. Det er diskriminering overalt og det finnes overhode ingen rettferdighet i praksis.

Familielivet i Bangladesh

Nå skal jeg fortelle litt om hvordan familiesystemet fungerer i Bangladesh. Dette er en oppgave jeg skriver i klassen min i forbindelse med det som kalles «Bergenstestkurs».

I mitt hjemland er det vanlig at flere generasjoner bor under samme tak. Dette er tradisjonen, selv om dette holder på å endre seg ettersom folk får mer utdannelse. De fleste giftemål blir arrangert av foreldrene eller andre slektninger. Når man fyller 18 år kan man bestemme seg om man vil gifte seg. I praksis er giftealderen for menn 25-30 år. For kvinner er den 20-25 år. Det er forbudt å tvinge noen til å gifte seg. Men likevel så skjer det at mange mindreårige jenter blir tvunget til dette.

Å være samboere er veldig uvanlig. Og får man barn uten å være gift, aksepteres dette ikke. Likedan så er homofili svært uvanlig i Bangladesh.

Det bengalske samfunnet er mannsdominert. Vanligvis bestemmer mannen over de andre i familien. De fleste kvinner jobber i hjemmet og passer barna. Noen unntak finnes, men det gjelder ofte folk som tilhører de høyere klasser. Når kvinnen blir gift, må de flytte til mannens hus. Det er typisk i den bengalske kulturen. Noen få menn bor sammen med konas familie etter de er gift.

Det er ikke likestilling mellom gutter og jenter i Bangladesh. Landet er overbefolket. Dette bekymrer myndighetene. Man har derfor sagt at to barn pr familie er nok, og har dessuten lansert et familieplanleggingsprogram. Men dette har likevel ikke ført til at folketallet har blitt redusert. Folketallet i Bangladesh øker. I dag er det ca. 160 millioner innbyggere. Mange familier har et stort antall barn. I de fleste familier bor foreldre, barn og barnebarn sammen.

Jeg synes at det er det er mye bra med å bo i en felles familie. For hundre år siden hadde man også en slik familietradisjon i Norge.

Det ukjente Bangladesh

Mange forbinder Bangladesh med fattigdom, naturkatastrofer og brudd på menneskerettigheter. Men landet har så mye mer å vise fram for dem som kommer på besøk. Det finnes hundrevis av turistattraksjoner som folk faktisk ikke vet om. Derfor blir mange veldig overrasket når de reiser rundt omkring i landet.

For det første kan man få fantastiske naturopplevelser. I Bangladesh finnes verdens lengste havstrand som er 125 km lang. Der kan man bade, sole seg og oppleve spektakulære solnedganger. Like ved stranden ligger byen «Cox's Bazar». Her kan turister fornemme det lokale folkelivet, kjøpe håndlagede produkter og se på de fine buddhisttemplene som det finnes mange av.

En annen stor attraksjon er den verdensberømte nasjonalparken «Sundarban». Her kan man se mange forskjellige fugler og dyr og nyte den vakre naturen. I parken finnes også mange blomster og frukter som ikke finnes i andre land.

Kommer du på besøk til Bangladesh, vil du oppleve et land som har en rik og god mattradisjon. Folk i dette landet setter pris på å ha gjester og de liker å servere god mat. Den bengalske maten er så deilig. Her kan du få et stort utvalg av fisk, smakfulle grønnsaker og landets spesialitet—pita.

I dag kommer det en god del turister til Bangladesh, men det kunne godt ha vært flere fordi landet har så mye å by på. Kanskje kunne de bengalske myndighetene være mer offensive angående markedsføringen av landet sitt. En måte å få flere turister på kan være å oppheve visumplikten som gjelder mange nasjoner.

Man kunne også prøve å utnytte de diplomatiske forbindelser med andre land, slik at disse får et mer positivt inntrykk av det som Bangladesh står for.

Kapittel 9

Upålitelige politikere og tortur

En venneforespørsel på Facebook

Den sjette januar 2012 fikk jeg en henvendelse på Facebook fra Abul H. M. K. Liton. Han er ordfører i Rajshahi i Bangladesh. Liton hadde ønske å bli min Facebook-venn. Jeg valgte ikke å godta denne forespørselen fordi jeg har hatt dårlig erfaring med denne mannen og hans måte å drive politikk på. Først sendte Liton meg en venneforespørsel der han brukte falskt navn. Dette oppdaget jeg etter å ha fått en henvendelse fra en annen av Litons Facebook-kontoer. Liton er en politiker som har stor makt i det området han bor. Han representerer «Awami League».

Det er et såkalt sekulært parti som nå er i med i regjeringen. Som følge av dette, har Liton gode forbindelser med statsminister Sheikh Hasina. I tillegg har også flere av hans nære familiemedlemmer fremtredende politiske stillinger. En fetter heter Omar F. Chowdhury. Han er generalsekretær i partiet «Awami League», og sitter samtidig som representant fra distriktet Rajshahi i nasjonalforsamlingen. Fetterens mor har også stor politisk innflytelse. Hun tilhører partiet «Jammat-e-Islam» som mange mener er et parti av krigsforbrytere. En annen slektning er Litons onkel, Mahafujul A. Loton. Han er visepresident i «Rajshahi City Awami League», altså samme parti som Chowdhury. Begge kom inn i partiet i 2001, men ingen av dem har på normal måte gått gradene i partiet. Litons vei til politisk makt foregikk ved at faren hans ble fengslet og drept i 1975. Etter farens død fikk Liton stillingen som generalsekretær i partiet. Noen år senere begynte Liton i samarbeid med sine slektninger å føre en konspirasjonspolitikk. Dette gikk ut på å fjerne de andre som satt i ledende posisjoner i partiet. Målet var å få full politisk kontroll i Rajshahi. I dette politiske spillet ble også statsministeren og hennes parti involvert. Etter hvert klarte Liton å overbevise statsministeren om at presidenten i «Rajshahi distrikt Awami League», Tajul I. M. Faruque var en person som måtte fjernes, selv om han opprinnelig var demokratisk valgt. Dermed var veien åpen for Liton og hans tvilsomme medsammensvorne.

Nå skal jeg gi et eksempel på hvordan Liton bruker sin politiske makt for å oppnå personlig gevinst. Liton har ei datter som går i grunnskolen. På en eksamen fikk hun en dårlig karakter. Da ble lederen for det regionale utdanningskontoret, professor dr. Dipak Kumar kontaktet av Liton med anmodning om bedre karakter for dattera. Professor Dipak svarte at det dessverre ikke var mulig. Liton ble rasende, ringte tilbake og kom med drapstrusler. Dipak kontaktet da den berømte avisa «Daily Star» og ga et intervju om hva Liton hadde sagt til han. Intervjuet ble publisert like etterpå.

Jeg kunne ha gitt mange flere eksempler på hvordan Liton opptrer når han vil oppnå politisk makt og personlig gevinst. Selv har jeg fått føle hans politikk på kroppen, både med fengsling og tortur. Derfor var det veldig selvfølgelig og innlysende å avvise hans forespørsel om vennskap på Facebook.

De dårlige dagene

Jeg er nå 38 år. På grunn av mitt yrke har jeg blitt torturert i mitt hjemland Bangladesh. Landet er egentlig bare et skinndemokrati. I et reelt demokrati hadde ikke myndighetene organisert overgrep mot sitt eget folk. Jeg ble født langt nord i Bangladesh, i den lille byen Panchagarh ved foten av Himalaya. Der vokste jeg opp sammen med pappa Shafiuddin, mamma Shahida.

Dette var en jordbruksfamilie der oppveksten var hard og tøff. Tankene på hjemlandet vil alltid være med meg. I mitt yrke ser jeg på folk som selvstendige individer, uavhengig av religion og hudfarge. Jeg prøver å være profesjonell når jeg søker sannhet og rettferdighet. Slik var det da jeg vokste opp med idealet om at våre tanker er fri. Jeg kjemper for å rense samfunnet for søppel og mørke. Derfor endte det hele opp med at jeg måtte flykte fra mitt fedreland.

Jeg har nå fortalt dere sannheten om mitt fødested og at jeg har et sterkt ønske om å endre verden til et bedre sted å være. Dette er mitt journalistiske mantra. De to siste tiår har jeg intensivt og så modig jeg har kunnet være, laget saker om islamske militante, tortur og drap. Jeg har også skrevet om fengsling uten rettergang og statlig forfølgelse av religiøse minoriteter. Andre saker jeg har vært opptatt av er urfolks rettigheter, korrupsjon, politisk terrorisme og kvinnemishandling. Sist, men ikke minst, så har jeg prøvd å være en stemme for vanlige hjelpeløse mennesker som lider urett. Med stor risiko for eget liv har jeg forsøkt å jobbe for et sunt demokrati, fred og menneskerettigheter, og forsøker i mitt arbeid å ha frihet, likhet og brorskap som mine idealer. Jeg har også tanker om hvordan de frie medier kan være med på å hjelpe dem som opplever krig og undertrykkelse.

På grunn av min bakgrunn og det jeg har jobbet med, har jeg selv blitt et offer for trakassering og tortur. Jeg har sittet i fengsel på grunn av fiktive og konstruerte tiltaler. Men likevel har jeg ikke latt meg true til taushet. Jeg skriver fortsatt. Ved siden av beståtte studier i journalistikk, har jeg påbygning i samfunnsjournalistikk og massekommunikasjon. Jeg har også jobbet for internasjonale medier gjennom tysk radio (Deutsche Welle).

I Bangladesh jobbet jeg i landets eldste avis, Daily Sangbad, i CSB News, den første døgnbaserte tv-kanalen i Bangladesh, og i flere andre tv-kanaler som reporter. Mine bøker om menneskerettigheter har fått mye oppmerksomhet. Jeg har deltatt på forskjellige workshops i journalistikk om menneskerettigheter i Asia og Europa. For tiden redigerer jeg nettavisen "EURO Bangla", et fritt medium som forteller om situasjonen i Bangladesh, og som tar temperaturen på menneskerettigheter i resten av verden.

Jeg var den første journalisten som tiltrakk meg oppmerksomhet fra internasjonale medier da jeg rapporterte om militant islamisme, drap og fengsling uten lov og dom i Bangladesh. For dette har jeg mottatt flere priser og utmerkelser. Mitt forfatterskap omfatter flere bøker. Tre av bøkene mine er å få kjøpt på engelsk, "Struggle for Peace", "Away from Home" og "Pain".

"Pain" er publisert i USA og kan kjøpes på Amazon og hos andre internasjonale bokhandlere på nett. Jeg kom på kant med den siste interimsregjeringen i Bangladesh og ble derfor offer for represalier fra den statlige styrken, RAB. De arresterte og torturerte meg på grunn av de merkeligste ting og jeg tilbrakte 28 dager i totalt mørke som «takk» for mine vitnesbyrd. Etter siste løslatelse ble livet mitt en sammenhengende rekke av trusler, noe som førte til at jeg måtte rømme landet av hensyn til min familie. Med på lasset fulgte min lille sønn og kone.

Jeg ble mottatt i Tyskland og Østerrike på humanitært grunnlag. Siden har jeg vært i mange forskjellige land. Til slutt havnet jeg i Norge som fribyforfatter. Her har jeg nå bodd sammen med min kone og lille sønn siden mai 2011. Før det hadde jeg i 20 år, og med livet som innsats, rapportert fra Bangladesh.

Her er noe av det jeg har skrevet om. Da jeg tidlig på nittitallet avdekket alvorlig polititortur mot mennesker i byen Panchagarh, ble jeg offer for en fabrikkert politisk motivert tiltale, trolig igangsatt av politiet. Noe senere laget jeg flere saker om korrupsjon og urett, som særlig rammet et spesielt maktmenneske. Igjen ble det produsert en sak om ærekrenkelse mot meg. Jeg fikk ingen dom, men tilbrakte likevel 28 dager i fengsel. Dette var prisen å betale for min omgang med sannheten. Vi snakker ikke her om fengsel med mat, vann og innlagt kabel-tv. Nei, i disse fengslene vet man ikke om, eller når man slipper ut. Den fundamentalistiske studentfløyen av det muslimske partiet "Jammat-e-Islam Bangladesh" prøvde dessuten å drepe meg etter at jeg skrev en rekke artikler om deres herjinger. Alle mine eiendeler ble plyndret og ødelagt da de satte fyr på rommet der jeg bodde.

Politisk terrorisme har alltid interessert meg. Tidlig på 2000-tallet laget jeg omfattende reportasjer om forsøk på etnisk rensing, forfølgelse av urfolk og undertrykking av barn og kvinner. Jeg ble flere ganger i denne perioden fysisk angrepet. Ved et tilfelle ble både mitt kamerautstyr og motorsykkel knust av tilhengere av regjeringsalliansen. Jeg rapporterte om brudd på menneskerettighetene utført av kollegaer og slektninger av den sittende ordføreren i byen Rajshahi.

Det førte til nye drapsforsøk og bortføringer av både meg og andre journalister. Jeg avdekket også at det under det militære programmet "Operation Clean Heart", ble drept 58 mennesker. I 2004-05 begynte jeg å få et vanskelig forhold til RAB (Rapid Action Battalion), en paramilitær gruppe som egentlig var ment å bekjempe terrorisme. Der RAB opererte, døde svært mange mennesker «tilfeldig» i kryssild. Det er grunnlag for å si at mellom 2004 og 2011 døde nesten 2000 mennesker på denne måten. Jeg var den første journalist som våget å skrive om dette. Det måtte jeg betale dyrt for. På midten av 2000-tallet prøvde den militante gruppen "Jammatul Mujahidin Bangladesh" å utrydde de venstreradikale.

Dette var en forferdelig og umenneskelig tid. Folk ble hengt i trærne. Minst 22 mennesker ble drept på denne måten. Jeg var også mannen bak den første opplistingen av kritikkverdige militære aktiviteter, og ble derfor truet på livet etter dette. I 2005 samarbeidet jeg dessuten under vanskelige forhold i Bangladesh med den verdenskjente amerikanske journalisten Eliza Griswold fra New York Times.

Jeg dekket det økende folkeopprøret i 2007 mot det paramilitære RAB, der meningsløse drap og trakasseringer skjedde daglig. Folkets raseri mot politiet og RAB førte til at tusenvis av mennesker gikk ut i gatene og demonstrerte. Dette førte RAB på retrett. Samtidig satte de liten pris på at noen rapporterte om hva som foregikk. Det finnes mye mer om mine meritter som journalist. Jeg har rapportert om fredelige aksjoner der mennesker har demonstrert, men som har endt med vold og drap.

Alt dette har flere ganger ført til at jeg selv også nesten har blitt drept, i landet jeg er så glad i. Et land jeg trolig aldri kan reise tilbake til igjen. Da er det kanskje bedre at jeg bor utenfor landets grenser når jeg kjemper min kamp for menneskerettighetene i Bangladesh. Litt rart å tanke på—at jeg nå utkjemper denne kampen fra en leilighet i Tromsø.

Nå vil jeg fortelle om hva som skjedde med meg i Bangladesh før jeg kom hit til Norge. Da bodde jeg i drabantbyen Rajshahi. Kona mi studerte på universitetet. Min arbeidsplass, nyhetskanalen CSB, var stengt av myndighetene slik at avdelingskontoret jeg jobbet ved ikke var i vanlig drift. Jeg gikk og drev uten å ha noe å gjøre, men jeg var likevel aktiv i presseklubben. Min kone hadde en stående og bestemt ordre; jeg skulle være hjemme senest klokka 22.00 hver dag.

Midt på natta den 23. oktober 2007 ble jeg og familien min revet ut av søvnen. Det ringte frenetisk på dørklokka, og vi kom oss ut på balkongen for å se hva som skjedde. Jeg holdt min sønn i armene. Ei gruppe bevæpnede personer hadde omringet huset vårt. Jeg forsto ikke hvem de var, eller hvorfor de var der. Hvorfor skulle jeg, en liten og enkel journalist bli arrestert? Var jeg en tyv, røver eller kriminell? De var ikke uniformerte, slik jeg kjente politiet. Var det terrorister? Jeg ble redd og trodde de var kommet for å plyndre huset mitt.

De ringte på alle dørklokkene i husets tre etasjer og både naboene og min huseier ble vekket. Huseieren, herr Abul Kashem og hans sønn Likhon, kom ned fra øverste etasje. De ti-tolv væpnede personene presenterte seg som offisielle tjenestemenn og ønsket å ransake leiligheten vår. De ville vi skulle åpne døra for dem. Jeg sa at jeg ikke åpnet før jeg var sikker på deres virkelige identitet.

De sa: "Åpne døren nå, ellers vil du komme i vanskeligheter!" Jeg ringte med mobilen til politistasjonen i Boalia for å få vite hvem de var. Vakthavende sa at de ikke hadde sendt noen til huset mitt, og de visste ikke hvem de væpnede var eller hvilken fullmakt de kunne ha. I samme stund fikk en av personene hånden gjennom gitteret til vår balkong og rev fra meg mobiltelefonen. Jeg var livredd og trodde nå med sikkerhet at de var røvere. Etter en tid fortalte de at de tilhørte RAB.

Jeg sa at hvis de var fra RAB, ville de nok ha en ransakingsordre. Da ble de sinte. Likhon, sønn av huseieren, ville også vite identiteten deres. De begynte å slå han. Jeg tenkte at hvis de var fra RAB, hvorfor banker de opp huseierens sønn? Jeg ropte høyt til dem hvorfor de pisket ham. Ingen svar. Da åpnet jeg døra mi og ga dem lov til å undersøke huset mitt. Jeg ba dem om ikke å bruke vold mot oss, og ba også på mine knær om at de ikke måtte plassere våpen i huset mitt, slik at det kunne blitt tatt ut tiltale mot meg for besittelse av våpen. Jeg ga Fiman til min kone og åpnet dørene.

RAB trakk meg ut av huset og meget brutalt fikk jeg påsatt håndjern. Deretter ble det trukket en hette over mitt hode. Foran min kone, mitt barn og min huseier ble jeg pisket, slått og sparket over hele kroppen. For første gang i mitt liv opplevde jeg at væpnede styrker som har ansvaret for lov og orden i et sivilisert land, oppførte seg som vulgære dyr. Jeg ble så dratt inn i en minibuss.

To menn foran, to bak og en på hver side holdt meg fast. Alle var bevæpnet. De fortsatte å slå og sparke meg. Minibussen begynte å kjøre, og jeg ante ikke hvor vi skulle. Mennene fornedret meg med skittent språk. De mente at jeg "tilfeldigvis" kunne komme til å blitt drept i kryssild. En av dem sa: "Ta navnet Allah, og siter bønner fra Koranen". Jeg ante ikke at jeg hadde gjort noe galt, jeg ante ikke hvorfor de tok meg med. Jeg ble brakt til RABs hovedkvarter i Rajshahi.

Der ble hendene mine bundet sammen og jeg ble hengt etter håndleddene i taket. Jeg var fortsatt blindet av hetten over hodet. På kvelden kunne jeg høre lyden av støvlene til fire, fem personer. De nærmet seg meg, ble stående en stund, og gikk ut igjen. På denne måten ble jeg mentalt torturert gjennom hele natten. Rundt klokka åtte om morgenen fjernet man tauet fra hendene mine. Deretter fikk jeg en vannaktig kornblanding å spise. Hetten var nå rullet opp til nesen. Jeg hadde hørt om flere som var blitt behandlet av RAB på denne måten, blant annet tre av lærerne ved universitetet. Mens jeg hang hele natten, føltes det som om armene skulle bli slitt av kroppen min, og jeg fikk nesten ikke puste inne i den tykke hetten. Jeg spiste litt og drakk litt vann.

Så ble jeg hengt opp igjen. Hele tiden skjelte de meg ut med sine vulgariteter. Et par timer senere kom to personer til meg. Da de begynte å snakke, kjente jeg igjen stemmene deres. Jeg hadde snakket med dem tidligere før nyhetskanalen (CSB News) ble lagt ned. De jobbet for RAB-5s kriminalitetsforebyggende gruppe, CPC.

En av offiserene begynte å torturere meg. Han sa: "Du er sønn av tiggere, hva er det du prøver å oppnå? Jeg forakter din journalistikk, din terrorist. Du ditt svin, skal aldri mer lage reportasjer for CSB News". Han ramset opp saker jeg hadde laget og sa at disse reportasjene var ødeleggende for systemet han jobbet i. Man var svært misfornøyd med meg, fortalte han. For meg derimot var dette saker som oppfylte mine plikter som journalist i et demokrati. Senere skulle jeg få vite at vår hederlige ordfører var en av dem som stod bak konspirasjonen mot meg. Selv mens jeg ble torturert, klarte jeg ikke å la være å stille spørsmål om hvem som gav dem rett til å mishandle meg. Jeg mente at det ikke kunne finne hjemmel i grunnloven for å behandle en borger og journalist på denne måten.

Et knusende slag rammet venstre kinn, slik at blodet fosset fra munnen. Deretter fikk jeg kraftige elektriske støt. Det føltes som om kroppen skulle brenne opp. Min fysiske og psykiske tilstand ble kraftig forverret. Jeg ble plassert i en elektrisk stol i en halv time før jeg ble lagt på gulvet i et torturkammer. Begge offiserene begynte å slå meg under beina med tykke batonger. De virket opphisset av å slå meg og jeg mistet bevisstheten. Da jeg kom til meg selv, våknet jeg forlatt på noe halm i et kjøkken. Halmen var full av insekter.

Det var blitt ettermiddag. Jeg ble kommandert til å reise meg opp, men jeg kunne ikke stå på beina. De sa jeg spilte skuespill. Føttene mine ble presset ned i støvlene. Offiseren sparket meg hardt i beina og dro meg inn på et rom. Om lag klokka åtte den samme kvelden ble hetten fjernet. Det var som å komme fra en grav og opp i lyset. Jeg kunne puste normalt igjen. RAB-medlemmer tok fingeravtrykk, og jeg fikk et navneskilt på brystet. Så ble jeg fotografert. Deretter ble ansiktet igjen tildekket, og jeg ble fraktet tilbake til minibussen og ført til Boalia politistasjon.

Så fikk jeg beskjed om at jeg ikke måtte fortelle noen at jeg var blitt torturert, og jeg måtte forsøke å gå oppreist. Sa jeg noe, ville jeg bli tatt med til et sted og plutselig bli drept i kryssild. Jeg trodde at jeg ikke ville overleve. Hele tiden hadde jeg bildet av min sønn på netthinnen. Jeg var rastløs, gråt og hetten ble våt av tårer. RAB hadde lite eller ingenting på meg, og politiet ville ikke arrestere meg, så jeg ble ført tilbake til RABs hovedkvarter. Da begynte de å snakke om at de skulle føre meg til en annen politistasjon. Der mente de at de kunne fremskaffe bevis for at jeg var en kriminell. Men på grunn av en rekke merkelige omstendigheter, ble jeg plutselig tatt med tilbake til Boalia, politistasjonen jeg hadde vært på først.

RAB forlot meg der. Mine hender ble frigjort bundet og hetten ble tatt av. Jeg ble ført til en varetektscelle. Cellen var fylt opp med utbrent søppel, sigaretter, spytt og bananskall. En stinkende og uhygienisk atmosfære. Jeg ville spy.

Etter en tid kom en politimann som bort til celledøra mi. Han begynte å forhøre meg med det jeg vil kalle et skittent og vulgært språk og beskyldte meg for å villede folk med min journalistikk. Allerede mens jeg gikk på universitetet hadde jeg gjort dette, sa han. Nå skulle jeg få min straff. Så tok han meg med i politibilen sin og kjørte med fulle sirener, slik at alle kunne se at nå hadde de fanget en forræder.

I retten var det ingen dommer, og etter noen få minutter ble tatt med til Rajshahi sentralfengsel. Her ble jeg ført til den lokale fengselsretten, og hele kroppen min ble undersøkt. Jeg fortalte om torturen og at jeg trengte helsehjelp, men overbetjentene mente at jeg ville klare meg med vanlig celle. Mine medfanger klarte å hjelpe meg til å få innleggelse på sykehus. Der lå jeg i ni dager. Før jeg ble frisk klarte jeg ikke å bestikke sykehuslederen, noe som medførte at jeg ble overført til soning igjen. Der satt jeg i totalt mørke de neste 28 dagene.

Den "korrupte" ordføreren Liton og RAB er ansvarlig for torturen av meg. Så skrev jeg mange reportasjer om deres aktiviteter. Slik ble de mine fiender. Den 19. November 2007 ble jeg løslatt og fikk beskjed om at RAB ville arrestere meg umiddelbart igjen. Denne gangen ville jeg bli drept. Konfrontert med en slik trussel, og på grunn av angst og bekymring for familien, klarte jeg å flykte til Dhaka. Der ble jeg innlagt på et rehabiliteringssenter for traumeutsatte og fikk behandling. Det iscenesatte dramaet mot meg fikk også alvorlige konsekvenser for familien min.

På grunn av meg, ble den politiske karrieren til min hederlige svigerfar senere ødelagt. Gjennom mitt arbeid som journalist har jeg rapportert om korrupsjon, terrorisme, militære drap og brudd på menneskerettighetene.

I Bangladesh lever folk under et vanvittig press, i et land som tilsynelatende skal være et sivilisert samfunn, men der det i prinsippet ikke finnes rettssikkerhet. Landet er fullt av korrupsjon, forfalskninger, uærlighet og pengejag. Dessverre så er dette dagens Bangladesh.

KAPITTEL 10

Mitt andre hjemland

Det nye livet

Når jeg møter nordmenn, får jeg ofte spørsmålet: "Hvordan kom du til Norge"? Noen av mine norske venner er veldig interesserte i å høre hva jeg har å si. Å gi en gi en kort beskrivelse at dette er umulig for meg. Derfor vil jeg nå skrive om at hvordan jeg kom til dette fredelige og fantastiske landet.

Den første delen av livet mitt er et dødt kapittel for meg. Nå har jeg begynt på del to. Hvordan jeg fikk det nye livet skal jeg beskrive her. Men først vil jeg fortelle litt om min familie. Etterpå skal jeg si litt om det nye livet mitt i det kalde nord.

Familien min er stor. Før jeg reiste til utlandet bodde jeg i den store byen Rajshahi, som ligger nord-vest i Bangladesh. Jeg studerte i filosofi og journalistikk på universitetet i Rajshahi. Nå bor jeg i Tromsø.

Jeg er gift. Kona mi heter Farhana Sarmin og er utdannet sangerinne. Hun studerte folklore på det samme universitetet som jeg gikk på. Vi har en gutt som heter Fiman Farnad. Han er fem år og går i barnehagen. Foreldrene mine er døde.

Jeg går for tiden på norskkurs og dette liker jeg veldig godt. Bengali er mitt morsmål. Mitt andre språk er engelsk. Jeg kan dessuten snakke litt tysk. Etter at jeg kom til Norge har jeg også lært å snakke norsk.

Av fritidsaktiviteter liker jeg fotball, badminton og volleyball. Da jeg bodde i Bangladesh var jeg leder av det lokale journalistforlaget. Kollegaene var mine venner. De var veldig aktive og morsomme å være sammen med. Nesten hver dag jobbet jeg fra klokka ni om morgenen til midt på natta. I Bangladesh jobbet jeg som journalist i 20 år. Nå savner jeg jobben min. Men jeg liker meg godt i Tromsø. Her er det fin natur og hyggelige mennesker. Flere av dem jeg har møtt har blitt mine venner.

Nå vil jeg fortelle om hvordan jeg fikk mitt nye liv. Da jeg var i skjul på grunn av drapstrusler i 2009, bodde jeg i hovedstaden Dhaka. Jeg følte at det da ikke var noe håp for framtida. Kona mi og den lille sønnen min bodde i Rajshahi på den tida. Jeg prøvde å finne et sted å være trygg, samtidig som jeg ville fortsette i jobben min som journalist.

Så fikk jeg et brev fra Tyskland. En organisasjon som heter «Hamburg Stiftung» sendte meg et oppmuntrende brev. Organisasjonen inviterte meg til å komme til Tyskland sammen med min familie. Jeg kunne nesten ikke tro det som stod i brevet. Så fort som mulig reiste jeg til Tyskland. Egentlig fikk jeg hjelp til å starte det nye livet av "Hamburg Stiftung". I tillegg kom det også viktig støtte fra "Amnesty International" og "Reporters Without Borders". Noen andre medie- og menneskerettighetsorganisasjoner hjalp meg vekk fra der jeg var.

Jeg kom til Tyskland sammen med kona og sønnen min. Der bodde vi i ett år. Da året var omme måtte vi flytte. Så prøvde jeg å finne et nytt sted å bo. Heldigvis fikk jeg gjennom "Internasjonale Haus der Autoren Graz" mulighet til å flytte til Østerrike. Der bodde jeg sammen med min familie i den fine byen Graz.

Fra Tyskland søkte jeg til "International Cities of Refuge Network (ICORN)" om å få et sted hvor kunne vi bo i fred, og hvor jeg kunne skrive uten at noen kom med trusler hvis jeg skrev noe som kunne oppfattes kritisk. I mai 2011 kom vi endelig til det vakre og gjestfrie landet Norge.

Her er en liste over personer jeg ønsker å takke. De har alle sammen vært til stor hjelp for meg: Myriam Alexowitz, tysk forfatter, filmmaker og aktivist. Hun hjalp meg spesielt mye. En av lederne av "Amnesty International" i Tyskland, Bernhard Hertlein, Martina Bäurle, filolog på Hamburg Stiftung, Jenny Lundström, Human Rights Officer i GHRD, Elisabeth Dyvik, Programme Director i ICORN, Helge Lunde, Executive Director i ICORN, Internationale Haus der Autorinnen und Autoren Graz. Dessuten, tusen takk til Norsk Pen og Pen International som hjalp meg til å få et nytt liv. En spesiell og stor takk til byen Tromsø som tok imot meg som sin den tredje fribyforfatter.

Den spennende byen Tromsø liker jeg veldig godt. I to måneder om sommeren er det sol hele døgnet. Om vinteren er sola borte i to måneder. Jeg nyter alt, både mørketida og midnattssola. Det kalde været er heller ikke noe stort problem. Språket er den største utfordringen. Men det viktigste er at jeg er i sikkerhet og føler ro og fred. Jeg håper at jeg kan klare meg og at jeg vil takle de daglige utfordringene og bli helt integrert her i det nye hjemlandet mitt. Etter at jeg har lært meg tilstrekkelig norsk kan det kanskje være en mulighet til å få en jobb som jeg drømmer om.

Trives du i Norge?

Vår geografilærer på skolen spurte en gang: Kan elevene svare på hva som er navnet på landet der solen står opp ved midnatt?—Det er Norge, svarte vi. Dette er over tretti år siden, da jeg var elev i grunnskolen i Bangladesh. Slik ble jeg introdusert for Norge. Unger kan lage seg ideer fra bøker og bilder om hvordan midnattssolen er.

Jeg hadde aldri drømt om å havne i Norge. Det var ingen grunn til å tenke slik, like lite sannsynlig som det var at jeg skulle komme til hovedstaden Dhaka ifra nord-vest Bangladesh. Å forlate mitt fedreland hadde jeg aldri tenkt at jeg noen gang skulle gjøre, men nå er altså dette blitt en realitet. Jeg ble tvunget til å forlate Bangladesh. Og nå lever jeg i midnattssollandet.

For meg er Norge på alle områder helt annerledes enn Bangladesh. Språk, kultur, mennesker, miljø, klima og været—alt er nytt her. Den tøffe og kalde vinteren, men også øyeblikk av dramatiske værfenomener, som man ikke kan oppleve i Bangladesh.

Jeg kom hit med familien min i 2011, dagen etter 17. mai. Nordmenn stiller mange spørsmål. Et spørsmål som går igjen er: "Liker du deg her i Norge?" Jeg skal prøve å svare på dette, men først vil jeg fortelle hva jeg har lært om Norge.

Norge ble styrt av Danmark og Sverige i 525 år. Landet ble selvstendig i 1905. Under andre verdenskrig var Norge okkupert av Tyskland i fem år. Til slutt fikk Norge reell uavhengighet 8. mai i 1945. For 100 år siden var Norge et fattig land. I 1969 fant man olje og "Det norske oljeeventyret" var i gang. Siden har økonomien forandret seg gradvis slik at nå er landet et av de rikeste i verden. De politiske lederne og folket har kjempet mye for å bygge dagens Norge.

Den tidligere statsministeren i Norge, Einar Gerhadsen sa til innbyggerne "Gjør din plikt og krev din rett".

Norge er et godt eksempel for andre land når det gjelder fred, menneskerettigheter og demokratisk praksis. Et fredsland, basert på likhet og likeverd. Ikke bare i teorien, men også i praksis. Dette landet er en velferdsstat. Folket nyter sin frihet, sine borgerlige rettigheter og muligheter. For tiden har man et sosialdemokratisk styresett. Folket i Norge har fortsatt "Vi vil bygge Norge"-mentaliteten. De tror på samhold, solidaritet, likestilling, kjærlighet og tilgivelse. Naturligvis ligger dette landet i «øverste etasje» på jorden.

Tromsø er hovedstaden i Nord-Norge, der jeg bor nå. Det ligger nesten 1800 kilometer fra hovedstaden Oslo. Byen er i hovedsak ei øy. Øya er en by med liv, kultur, festival, litteratur, utdanning og natur. Mennesker fra omtrent150 nasjonaliteter bor her. Tromsø er en multikulturell og multispråklig by. Dette er praktisk for oss som kommer utenfra.

Kanskje skal jeg og min familie som kom hit fra Bangladesh—langt unna— bli her for alltid? Skjebnen brakte oss hit. Vi kom om sommeren. Vi var vettskremte. Vi har fått oppleve midnattssola og mørketida, den vakre sjøen, fjorder, daler, fantastiske fosser, elver, stjerner og hvit snø.

Nå har vi bodd en tid i Tromsø. Vi feiret håpefullt det nye året 2012. Jeg likte den første julen i Norge. Det var fint å lære om julen. Personlig har jeg ikke noen religion. Jeg tror vi lever i én verden, så humanisme ville være det eneste å tro på. Jeg er 100 prosent humanist, men samtidig mener jeg at man skal vise respekt for alle religioner.

Min erfaring med nordmenn er at de er hjelpsomme, vennlige, høflige, positive, fordomsfrie og veldig snille. Vi har fått gode venner her, og når vi besøker dem, liker vi godt den norske tradisjonelle maten. Vi hadde erfaring med kulde, fra en periode vi bodde i Tyskland—før vi kom hit. Kulden her er omtrent som i Hamburg. Det som er nytt, er de fire årstider. Fra Bangladesh er vi vant med seks. Til tross for at det påstås å være fire årstider her, vet jeg ikke om det stemmer helt. Humoristisk sagt føles det bare som én: vinter. Eller som noen sier: "to årstider; grønn vinter og hvit vinter". Vel, det er ikke noe problem om du har gode sko og tykke klær. Det er forresten en ubeskrivelig følelse å gå på nysnø.

For innvandrere er det viktig å lære norsk og å bli kjent med hvordan samfunnet fungerer. Jeg og min kone går på skole fem dager i uken for å lære språket. Vår sønn har plass i barnehagen. Han liker det så godt at han til og med vil gå dit på lørdager og søndager også.

I Norge får jeg og min familie leve i fred og uten frykt. Landet har blitt vårt andre fedreland. Dette samfunnet er nå mitt samfunn.

Jeg føler et visst ansvar for dette samfunnet og vil derfor være med å bidra med noe. Derfor er jeg med i Røde Kors og Amnesty International som frivillig. I tillegg er jeg ønsket velkommen som skribent i gatemagasinet «Virkelig».

Som sagt; uten å lære språket kan vi ikke bli integrert her, og selvfølgelig så må vi følge norske lover og regler. Men samtidig som vi er gode nordmenn, må vi ikke glemme vår egen kultur, tradisjoner og identitet.

Dessverre er det noen innvandrere som misbruker det gode velferdssystemet her i Norge. Ikke bare Norge, men hele Europa står overfor samme problem. Noen ganger gjør innvandrere (noen) samfunnet utrygt. Derfor bør det være kontroll, ellers kan nye terrorister bli født.

Nordmenn er et fredelig folkeslag som er mer enn høflig. De klager sjelden på andre. Etter min mening ser ut som norsk tenkning handler om respekt og forståelse. Så langt har tiden vært spennende i Tromsø og vi er veldig fornøyd å bo her i Norge. Vi prøver å justere oss og være positive til vårt nye liv. Det norske folk og samfunn har allerede lært oss mange ting. Nordmenn er så positive. Denne typen mennesker og samfunn har jeg aldri sett før. Jeg liker Norge, og gleder meg til å lære meg å bli skikkelig god til å gå på ski!

www.ingramcontent.com/pod-product-compliance
Lightning Source LLC
Chambersburg PA
CBHW050335290526
45785CB00006B/2506